合作　南京大学艺术学院

协作　南京大学本科生院
南京大学国家“双创”示范基地

大学文创2019：文创教育专辑

主　　编：祁　林
主编助理：徐梦颖　仲秋悦

南京大学出版社

目　录

主编的话

专题：江苏青年艺术家论坛

研究报告：“手艺创承　非遗复兴”国际设计师南京驻地计划专题

论　文

主编的话

“两个世界”与文化创意

祁　林

德国古典主义哲学家费希特认为：人是两个世界的公民。[①] 一方面，他活在一个真实的现实世界里，每天都要处理自己的现实事务——人是被镶嵌于一张凡俗的、日常生活之网中。另一方面，他又活在一个理念的精神世界中，这是人们通过想象和虚拟建构的架空世界，它存在于图像、语言、文字等符号象征世界中，既超越现实空间的边界，又联通过去和未来。这两个世界是相互关联影响、不可分离的。主体性如果在“这个”世界不能得到很好的安放，也就无法在“那个”世界自由舒展地生活，反之亦然。

艺术的意义正是体现在上述生命结构中——艺术是跨越两个世界的桥梁。一方面，艺术作为艺术品、创作者和鉴赏者作为活生生的人无疑是被安放在现实世界的真实。特别是艺术品，无论是一本书、一幅画、一座雕塑，或是承载信息的载体——音乐光盘、电影录像带等，都是真实可见的有形物品。而另一方面，艺术又是作为（创作、鉴赏）主体的人进入理念世界和精神世界的大门——艺术的意蕴一旦展开，它呈现的又是相对于现实世界的“另一个世界”的样子，好的艺术一定是能将人的感性从凡俗世界中拖离出来，演化成一种新的感性去体会所谓精

① 梯利.西方哲学史[M].葛力，译.商务印书馆，1995：488－489.

神世界和理念世界的奥秘。肉身的现实安放与理念的精神安放共同形塑了我们每个主体的人生历程，以及基于每一个具体人生历程的历史演化和社会变迁。

这正是我们要强调的重点——艺术（而非产业）是理解文化创意的支点。文化创意的崛起和兴盛不仅仅是人类产业演化的结果，即它并不是所谓农业（第一产业）、工业（第二产业）、服务业（第三产业）次第走上历史舞台之后，人类找到的一种新的支撑经济增长的产业发展路径。更不是如下这种略带粗鄙的理解新时代的方法——"文化也能挣钱"了，所以我们要像走"科学进步—技术发明—市场拓展—产业提升"的道路一样去开拓文化市场进而壮大文化产业。文化创意原本就是根植在人们内心深处在理念世界安放自我的渴望，以及这种渴望带来的洪荒之力。所以从根本上来看，文化创意和文化产业兴盛的背后是人类艺术世界的一次整体转型，以及基于这种转型的人类整体生活方式的范式转换。

人活在现实世界中，无时无刻不在追求与理念世界的对接，古往今来，人们发明了一些有效的方法让自己的精神能够进入这样的世界，包括但是不限于以下方法：

第一种方法我们或可称之为"邀请"。"邀请"是直接将理念世界的表征建构到自己日常生活的现实空间中，通过一些仪式性的行为而与这个世界保持着密切关系，中国传统的家族祠堂就是这方面的典范。祠堂中供奉着祖先的牌位，这些牌位象征着祖先们的灵魂不死。当人们进入祠堂以后，现实的逻辑将退往远处，特定的礼仪和规范使得这里成为一个神圣空间：跪拜、献祭等行为背后的意味深长。同时，祠堂又被嵌入现实世界。这是在前工业社会中的人们惯常使用的一种"邀请理念世界进入现实"的方法。西方社会也一样。比如，意大利文艺复兴时期著名的美第奇家族就在自己统治和生活的佛罗伦萨建造了家族专属礼拜堂——圣·洛伦佐教堂，这里既是美第奇家族成员与上帝沟通的地方，也是他们家族成员的灵魂安放之地。而对于普通人来说，他们可能没有这么奢华的条件在自己的现实空间中开辟和营造一个专门的理念空间。但是,还是可以开辟一个小小的场域作为精神理念世界的入口。比如,传统中国家庭中的神龛、贴在大门上的门神等都起到了这样的作用。

另一种“邀请”的方式是将具有特定意蕴的文本带入现实生活空间中。与祠堂、神龛等不同,人们会将理念世界提炼成相应的表征符号,进而与这些符号互动,体会一种理念世界的魅力。比如,中国古代文人与亲朋好友一起欣赏自己收藏的卷轴、书法等艺术文本——这是雅趣,也是精神的升华:当一幅笔意精妙的古典山水画卷在他们面前徐徐展开,线条、墨色、空白等元素构成的山水、天空、动物、人物等内容次第出现,其特有的生动气韵、天人合一、深远意境等美学特征逐渐被观画者领会,这种领会的程度越深,观画者越是能够进入一种奇妙的审美体验中。最高级的状态则是所谓“物我两忘”——在审美的当下,作为肉身的自我和真实的生活环境都感觉不到了,精神进入另外一个世界。

第二种进入理念世界的方法我们或可称为“远征”。“远征”即主体主动离开现实世界,通过跋涉奔赴、进入理念世界的表征。远征最典型的意象就是“信徒朝圣”:无论是伊斯兰教信徒一生一定要奔赴麦加朝圣一次的信念,还是天主教信徒前往梵蒂冈觐见教皇的朝拜,抑或是藏传佛教的信徒磕着等身长头一步一步前往大昭寺的虔诚,从中我们都可以看出人们主动离开现实世界,进入理念世界的勇气、热情和执念。麦加、梵蒂冈、大昭寺这些地方在普通人眼里是物理空间,但在信徒心中则是“圣地”,进入这样的圣地,他们内在的情感、情绪、认知等都会被自己思维中固有的信仰结构所激活。

这种“远征”的行为并非仅存在于宗教信徒的信仰世界里。对于普通人来说,主动离开自己熟悉的日常生活世界进而进入一个具有理想观念意蕴的“他者空间”,也是自己迈向精神理念世界的远征。比如,人们奔赴博物馆、美术馆等地进行所谓的文化消费行为就有类似的意义。博物馆中展示出来的物品之所以是所谓“珍品”,是因为它们身上凝聚着历史上曾经涌现的特有理念。换言之，在物理层面，这些展品未必珍贵，真正让它们珍贵的是它们身上被熔铸的精神象征及其背后表征的整个理念世界。比如，大英博物馆里藏有可能是人类最古老的用品——奥杜威砍砸器，它诞生于 200 万年前。以今天人们的眼光来看，它还是一件很称手的工具。大卫·艾登堡爵士曾握着它发出了这样的感慨："拿起它，你的第一感觉是重。这重量将使你的敲击更为有力；第二感觉到它与手掌完美贴合，它锋利的边缘正好位于我们的食指与手腕之间，毫不夸张地说，我手里攥的是一把锋利的刀，此外，石头的一处凸起也让我能够牢牢地握住它，它一定经过特殊的打磨，也很锋利。"① 这种"趁手"的感觉会让人特别珍视这件文物的价值，因为在它身上，人们不仅会意识到，200 万年前我们有一位祖先制造了这样一件物品，而且，它代表了一种人类和自然之间的新型关系——人不再匍匐在自然脚下，被动地适应自然，而是制造工具，延展自己的能力，改造自然。这种关系将自然乃至人的所有外部世界都开始变成"客体"，甚至可以说这件物品象征着"主体的诞生"。而这件器物背后表征的理念世界就是"强悍的人类以及被掌控的自然的世界"，人们去大英博物馆看这件物品，就是要在精神上进入这样的理念世界。

除了文物，陈列在博物馆、美术馆里的各类艺术品同样也可被看作理念世界的表征。这种表征并非艺术品（如一幅画作）的"内容"和"内容呈现的意义"之间的简单对应关系，而是它们是作为人类社会不可或缺的理念世界与现实世界之间的一种完美对应。关于这一点，鲍里斯·格罗伊斯有过精彩分析，他曾提及，艺术创作起源于我们"试图创造一个新社会、新宗教，甚至一件新产品，那我们就具备了一种新的视野。我们有了一个观感和未来。然而在那一瞬间，未来迷失了，剩下的就成了艺术"。② 这句话的意思是说，艺术家之所以要创作艺术品，是因为他自

---

① 尼尔·麦格雷戈. 大英博物馆世界简史（上）[M].余燕，译.新星出版社，2014：36.

② 鲍里斯·格罗伊斯.鲍里斯·格罗伊斯访谈录[EB/OL].[2019-11-20] http://art.china.cn/voice/2010-09/16/content_3726414.htm.

己感悟到了一种全然不同于现实世界的“新”，然后他调动艺术技艺，处理艺术材质，试图创造这个新的世界。但是，只要他启动艺术品的创作过程，这个“新世界”就会消失，因为艺术品首先是作为现实世界中的真实物品而存在的，而真实物品必然存在有限、短暂、凡俗等特征——艺术品在这个层面只能实现自己作为装饰、商品、社交、教育等方面的功能，它无法直接成为理念世界。但是，当博物馆、美术馆、图书馆把文物、艺术品、书籍等按照一定的逻辑秩序汇聚归档在一起的时候，就形塑了一种充满着“感召”力量的理念空间。在这样的空间中，人们会自然进入“阅读”“鉴赏”“学习”的体验，并感悟那种无限的、永恒的理念世界的奥秘和意义。就此，格罗伊斯发出了如下感慨：

> “真实的生活”恰恰是有限的、短暂的、死亡的事物之处所——因此也是无关紧要的、毫无意义的事物之所在。去世界上最差的博物馆闲逛那么一会儿，也比人们在漫长人生里，在所谓现实中所见所闻要更有意思千百倍。人们只能在保存高雅文化的档案之内获取对无限的体验，而在随后的真实生活中失去了这种体验。无限的效果是完完全全的人工效果，它通过在内部展现外部而被创造出来。①

这里，特别值得注意的是“通过在内部展现外部”的判断。按照格罗伊斯的洞见，文物被纳入博物馆、艺术品被收藏进入美术馆、书籍进入图书馆——这些都是所谓的文化的“归档”，是人类文化和历史的“档案化”的结果。它们之所以被归入档案，正是因为它们所表征的恰恰是现实世界缺失的东西。博物馆、美术馆、图书馆的世界和真实世界一起，才构成人类完整的世界，这就是费希特所谓“两个世界”的统一。正

① 鲍里斯·格罗伊斯．揣测与媒介：媒介现象学[M]．张芸、刘振英，译．南京大学出版社，2014：5．

因为如此，人们去美术馆、博物馆等的意义就特别重要，这不仅仅涉及一个人增长见识、获取学习能力，提升审美品位的问题，更是他从自己的“现实世界”“凡俗世界”出发“远征”到另一个世界丰满乃至完整自己“理念世界”的过程，只有这两个世界统一，他才能成为一个完整、健全的人。

某些“旅游”也是人们朝向理念世界远征的努力。对于主体来说，旅游是一件颇具有主观能动性的事情——懒人是体会不出来旅游的乐趣的。这种主观性意味着高质量的旅游都能满足人们一个特定的心理需求，这就是——暂时离开熟悉的环境，进入一个“他者空间”。旅游让人们就此能够进入某种自己不熟悉的文化，体会别样的生存，乃至生命的意义。所以，有效旅游就是一个理念先行、行动后置的过程。当人们决定赴某地旅游，是预先获取了关于此地的“理念”，进而预设了通过“旅游”进入理念世界的方式——佛罗伦萨其物理空间的意义是建立在文艺复兴意义上的，一个人预先对文艺复兴的文化意义理解越是深刻（理念先行），他进入并游历佛罗伦萨的效果就越好（行动后置）。马尔代夫作为旅游胜地似乎只有自然景观，但是多年来旅游产业的运营以及自身口碑的积攒，也让它获得了稳固的精神内涵，那就是在所谓“蓝天大海、水清沙幼”背后表征的富裕、自然、休闲的理想生活的理念。带着这样的理念预期，人们的马尔代夫之旅除了身体的享受之外，还能获得精神提升。正因为如此，各种旅游胜地会刻意强化自己的理念价值，即赋予自己“另一个世界”的意义，如此，物理世界就被笼上了一层神圣的“光晕”。法国学者德布雷曾经提及自己开车旅行的经历和见闻：

> 当我开车从高速公路去普罗旺斯，在经过圣维多利亚山时，有一块路牌告诉我：“塞尚画中之景”——所有人都明白这是什么意思。就算是荷兰人和英国人也不例外。再往前开，在那些因为帕

> 尼奥尔[①]的小说而变得不朽的景色前，又有一块路牌告诉我："加拉邦山丘。"要是没有《父亲的荣耀》这本书，这块路牌就不会被放在这里。[②]

因为这两块牌子，德布雷眼睛里看到的是被"理念化"的自然景观，普罗旺斯这块土地就此被加入了"现代艺术"和"现代文学"的理念。于是，旅游者进入普罗旺斯，进入的就不仅仅是物理意义上的自然风景，而是同时进入了塞尚和帕尼奥尔构筑的理念世界。

无论是邀请还是远征，都是通过消除距离，主体由此完成自身的一种时空转换，进而体悟理念世界的魅力。除此之外，还有第三种进入理念世界的方法，这种方法不需要经过时空转换，这就是"有意味的实践"。"有意味的实践"这一说法套用克莱夫·贝尔所谓美是"有意味的形式"这一判断。在贝尔看来，诸如线条、色彩这些元素之所以能够引发人们的审美体验，一则是基于人的生理基础，二则是基于人们的观念、想象和理解，于是，色彩和线条构成的纯形式的艺术作品既会激发主体的审美感兴，又能让他们读解出相应的意义。而人们在生活中的很多实践也是"无功利"和"纯形式"的，它们像艺术品一样，或者干脆就真的是艺术品，如行为艺术中的"行为"——它们都成了现实世界和理念世界的桥梁。宗教仪式在这方面体现得非常明显，比如虔诚的穆斯林每天的五次礼拜——晨礼、晌礼、晡礼、昏礼、宵礼就不受地域空间的限制，在任何场合都可以开展。特定的时间一到，礼拜就开始了——信徒们面朝麦加圣地的方向，做出跪拜等各种动作，通过这些动作，他们就和其信仰的世界——真主安拉的世界勾连在一起了。于是，这给了主体一个机会，即在日常生活中通过动作，或者通过设计和使用一些用

① 马赛尔·帕尼奥尔(Marcel Pagnol)，法国现代著名作家、电影艺术家，小说《父亲的荣耀》是其著名的代表作。

② 雷吉斯·德布雷. 媒介学宣言[M]. 黄春柳，译. 南京大学出版社，2016：139-140.

具进而产生相应的行为，用这些行为将人的精神世界运作进入一种理念世界中。关于这一点，现代设计是典型。

现代设计是将艺术和审美元素直接与日常生活需要的功能实现的语境接合在一起，就此，理念的世界就不仅仅是“另一个世界”，它成为当下的、此时此刻的“这一个世界”的一部分。换言之，“创作艺术”和“制作物品”这二者在现代设计的语境中变成了同一件事情。对于人类社会来说，无论是在审美领域还是在实用功能领域，这都是一场了不起的革命。首先，艺术品的边界被拓宽了——实用物品同时也可以是艺术品，某种意义上这颠覆了康德关于“美是无功利”的判断。也就是说，“审美”和“实用”之间可以没有距离。具体地说，在康德的世界里，只有当人们忽略了一件物品的实用价值，才会将自己的注意力转到其形式的意义上，进而才能领会其形式背后表征的美学世界——这个世界如果是一个人们可控的、和谐的世界，那就是“优美”。如果是一个超越了主体把控能力的世界，那就是“崇高”，但无论如何，主体是和这样的世界保持着距离的。所以，艺术品是无功利性的存在，它仅仅具有形式审美意义。而很多现代设计对此却在说“不”。

设计师设计出来的产品首先是“用具”——具有实用功能。同时，艺术元素被置入“用具”之中，审美属性和实用属性就此紧密结合在一起。人们使用物品满足自己的实际需求，但同时他也可以遭遇审美体验所造就的灵光乍现的时刻。就此，现代设计特别呈现了自己无与伦比的美学野心——形式既是功能的，又是美学的。正如大卫·瑞兹曼(David Raizman)在《现代设计史》里所说的，现代设计师的职责理想与艺术家是一样的，也是“赋予形式”，只不过，设计师创造的形式既有美学功能(这也是艺术家“赋予形式”的目的)，也有实用功能。这两种功能不是叠加在一起，甚至不是结合为一体，而是它们就是同一种东西。或者可以这么说，物品的“实用性”就是他的“美学性”。如今，如此这般精彩的产品/艺术品在我们的世界中越来越多：比如，乔布斯的经典之作 iPhone4 的设计就是一个典型——光滑平整的屏幕上只有一个圆形的按键，这个按键既是整部手机的功能键，同时也是苹果手机极简美学呈现的一部分。当一个人按下这个按键开始操作苹果手机的时候，他既是一个手机用户，同时又是一位“极简美学”的鉴赏者和践行者，毋宁说，他在满足自己手机使用需求的同时，又将自己置于一个审美的语境中。

这正是艺术和美在日常生活中借设计和创意进而融化进入产品的具体功能，然后将自己自然呈现的过程，这也是文化创意在当下社会中践行自己使命的过程。在文化创意的视野中，物理材料除了实现了自己的功能性意义之外，还应实现自身的美学意义，而好的文化创意和艺术创作一样，是将这种“实现”提升至一个很高的水平。正如海德格尔的洞见——一块石头只有自己成为帕台农神庙这种伟大建筑艺术的一部分，它才能成为“自己的本真”。换言之，它只有在帕台农神庙的语境中才能完成自己作为“石头”的终极使命，这就是“艺术是真理的祛蔽”。而今天，因为文化创意，这种“祛蔽”在日常生活中或能随时体验。另一款知名的日本文创产品——景观贴纸或能将这一命题阐释得更为透彻。贴纸是具有实用功能的日用品，人们用于记录一些注意事项，然后随手撕下贴在环境中醒目的地方，提醒自己不要忘记某些事情。景观贴纸首先满足人们随手记事的功能，但它并没有止步于这一功能。设计者又将日本的清水寺、东京塔、大阪城等著名景点的形象嵌入贴纸的整体结构中，于是随着贴纸一张张地被撕去，相应的景点景观就慢慢呈现出来。最后，一沓贴纸撕完，这沓贴纸剩下的部分就呈现出一座小型微缩景观艺术品的样子。这件产品的设计将人们的产品使用（功能）过程和艺术品（创作）的过程严丝合缝地接合在一起，于是，文化创意让普通人在自己身上就能实现“用户”和“艺术家”二者身份的合一。进而，“纸”既是用具材料，又是艺术媒材，于是，“纸”既显现了自己实用性的本质，又“被揭示”了自己艺术性的本质。这样的产品既向主体敞开自己的功能世界，又向主体敞开理念世界，“使用文创产品”是人们同时跨越现实世界和理念世界的新方法。

总之，文化创意的结果首先是形成一系列的文创产品，这些产品可能是某一件具体的用具（如世界各大美术馆、博物馆中文创商店中售卖的那些产品），抑或是一个文化空间（如通过所谓社区营造建构的具有特定艺术主题的文创社区），或者是某场活动（如为了表达特定主题而设计并运作的仪式），无论其类型如何不同，过程如何各异，它们都有一个共同之处，即将审美意蕴、文化表征以及功能使用有机地结合在一起，毋宁说是将它们设计为同一种东西——使用就是审美，反之亦然。进而，当主体使用这些文创产品的时候，他们既是在当下现实的世界实现自己对某些功能需求的满足，同时，他们也借审美的力量实现自己对某种理念的感悟和追求。正是在这个意义上，文化创意越是发达，越是能助力人们在日常生活中实现在“两个世界”间的跨越。

文化创意的发展和发达表征着我们作为人类的一种了不起的进步：我们有智慧发明那些可以作为“人的延伸”的技术、工具、装备、机器等，它们让我们的现实生活更方便、更有效率。这些发明本身在达成自己使用功能的同时也建构了一种作为艺术形式的“召唤结构”，人们（用户）一旦使用它，立刻就会被这种结构唤起一种关于理念世界的认知、想象、判断，进而产生对这个世界的认同，同时将自己和这个世界紧密联系在一起。从这个意义上说，人们不再需要通过远征到达理念世界的表征空间，或者是将理念世界的符号邀请到自己的现实生活空间中予以观赏、领会和把握，而是，人们用文创产品在现实生活中就建构了一个实践的空间。只要和好的文创产品之间保持实践，人们就会和理念世界始终待在一起，这正是文化创意愿景的神奇和伟大之处。

（南京大学艺术学院）

专题

江苏青年艺术家论坛

前　言

自20世纪90年代以来，以计算机和互联网为代表的新媒体技术已然对艺术世界产生了革命性的作用。这种改变不仅体现在新媒体技术对传统艺术如绘画、音乐、舞蹈、戏剧等产生理念、创作方法、传播路径等方面的冲击，更表现在新媒体技术直接催生了“沉浸艺术”“互动装置艺术”“游戏艺术”这样崭新的艺术形式，尤其是在日常生活和流行文化领域催生了“电脑游戏”这种被称为“第九艺术”的艺术形式——艺术世界的图景由此发生深刻变化。意义更为深远的是，新媒体技术对艺术理论的研究也提出了新的要求和挑战，艺术的理论范式由此发生转型，一系列新的概念如算法、界面、互动等不仅成为新媒体技术的创作元素，同样也是艺术研究必须面对的理论问题。而诸如作者、文本、书写、欣赏、美等一系列传统艺术和美学理论范式在新媒体艺术的语境下，正面临着被重构的命运。

新媒体技术对江苏艺术的影响，是我们更为聚焦的研究领域。

江苏是文化大省，更是艺术创作大省，在各个艺术门类发展方面都颇有建树。从传统艺术和高雅艺术层面来看，江苏的书法、绘画、戏剧等艺术门类的发展都走在全国前列，涌现出一大批优秀的艺术家和艺术作品；从流行艺术与大众艺术层面来看，江苏拥有诸如江苏广播电视总台这样的文艺媒介机构，在电视剧创作、综艺节目策划、音乐节运作等方面均颇有建树，每年都能涌现出一大批优秀的文艺节目和在全国有影响力的活动。更为值得关注的是，江苏还拥有丰富的民间工艺资源，紫砂、昆曲等非物质文化遗产所熔铸的传统艺术世界更是魅力动人，蜚声海内外。

江苏也是艺术教育大省，拥有一系列全国知名的艺术教育机构。南京大学和东南大学的前身中央大学是中国现代艺术教育的发源地之一，宗白华、徐悲鸿、吕凤子等著名的美学家和艺术大师都曾在这里执教，在历史上培养出很多优秀的艺术人才。目前，这两所著名学府的艺术学院都拥有一大批国内外知名的艺术理论研究者，是我国艺术教学和研究的重镇。南京艺术学院是我国最早创立的艺术院校之一，其前身可上溯到 1912 年由刘海粟先生创办的上海图画美术院，是中国六大艺术学院之首。南京艺术学院拥有完整的艺术学科建制，艺术学门类下的六个一级学科均衡发展。除此之外，我省的南京师范大学、江南大学、苏州大学、南京航空航天大学等高校也都拥有实力不俗的艺术教育。除此之外，我省还拥有无锡工艺职业技术学院、江苏省戏剧学校等优秀的高职和中职艺术院校，它们在弘扬传统文化、传承非物质文化遗产、培养艺术创作实务人才方面都做出了相应的贡献。

作为中国的发达地区，江苏省的新媒体基础设施建设、新媒体技术使用以及民间普及率方面都走在全国前列。据《数字江苏建设发展报告（2018）》，截至 2018 年底，江苏网民规模达到 4940 万人，互联网普及率为 61.4%，较全国平均水平高 1.8%。而在 2017 年，江苏以数字化赋能经济发展，抢占工业互联网风口，打造自主可控的先进制造业体系，数字经济规模超 3 万亿元，位居全国第二，增速超过 19%，占 GDP 比重超过 40%。①

此时，一个关键性命题就出现了——江苏拥有良好的新媒体技术的硬件基础条件，同时更拥有丰厚的艺术传统资源和创作资源，艺术研究的理论实力也很雄厚，基于以上三者，新媒体艺术乃至整个艺术相关领域都应该在新媒体技术的冲击下获得长足发展。为了能够进一步廓清这一命题，南京大学和江苏青年艺术家协会通力合作，邀请了江苏艺术界、传媒界和教育界一些创作者和研究者展开充分探讨，形成了如下的精彩见解。

---

① 转引自《〈数字江苏建设发展报告（2018）〉发布：数字经济规模超 3 万亿元》，https://www.sohu.com/a/338877814_414902。

新媒体在艺术垂直领域的传播运用

——以“知羹”为例

王　方　朱俊男

媒介的传播和发展经历了从口语传播，到印刷传播、电子传播，再到数字信息化传播这样一系列过程。如今互联网已是高速发展，特别是个人新媒体逐渐从边缘进入主流。新媒体艺术有两个关键词，一个是“媒介”，一个是“艺术”，文章将以微信公众号“知羹”为例，分析新媒体在艺术垂直领域的传播。

2018年，南京艺术学院与索尼公司合作创建了4G工作室，投资不超过40万元，现已开始产生效益。工作室曾为共青团中央做直播，与“知羹”联合做了一期推送，产出的MV点击量超过100万，推送的阅读量高达8000次。工作室也曾为江苏省消防厅做汶川地震十年回顾的网络直播，连线汶川，甚至亲历汶川救援的消防队员都到演播厅参与，这次直播中，南京消防、江苏消防、南京公安等平台同时直播，在线观看人数达50万。

新媒体公众号的交互性强，很多公众号都带有强烈的个人风格，能够迅速落地许多创意。到2018年为止，微信公众平台注册数量超过2000万个，每日新增认证公众号超过1万个。自2012年8月23日微信公众号上线以来，大致经历了野蛮增长期、红利期和垂直分化期三个发展阶段。初期的公众号依靠粉丝原始积累，出现一批现象级的账号，其余则在红海之后，因无法持续输出优质内容面临点击率不断下降、难以生存的困境。进入垂直分化期，公众号的内容与价值正在调整，例如“二更食堂”被关，是由于在报道滴滴打车事件中表述不当，引起众怒，即使账号的粉丝有上百万，也难逃被永久封停的命运。除此之外还有腾讯“差评”事件，腾讯投资“差评”公众号之后，由于该账号屡次抄袭他人文章，给腾讯的声誉造成了伤害。从这两个事件可以看出，新媒体已经发展到了从内容上筛选，进行优化的过程。

新媒体传播有以下几个特点：第一个是互动性，新媒体在信息传播过程中，通过信息网络技术能够实现多种形式的便捷互动，VR 的互动其实就是新媒体互动性的呈现，这个互动性其实是传统媒体和新媒体之间一个非常大的区别。基于微信这一社交媒体的微信公众平台，在传播过程中的互动性尤为明显。抖音作为短视频平台，目前的传播领域已经超出了短视频，有了社交属性，成为视频和社交相结合的新的媒介形式，这会极大增强其互动性。

第二个是大众性，新媒体传播呈现出内容海量化、传播节点碎片化、传播方式群际化等特点。大量信息通过社交平台，例如微信朋友圈就能迅速传播。同时，新媒体传播还具有比较明显的圈层文化特点，你的社交群体已经从过往的工作群体等变成了网络上的圈层交际群体。这种社交方式也导致了新的受众的分化，也就形成了传播上圈层的文化特点。

第三个是多元性，新媒体自身兼具了以往各种传媒的优势，在信息发布和传播上融合了文字、图像、音视频等媒介，打破了以往传统媒体不能互通的局限，实现了全覆盖，也在一定程度上实现了新媒体时代传播的跨时空性、可检索性、交互性等发展环节。信息接收方从被动接受到主动选择，不受时间、地点的限制，可以在移动终端自主选择。以广播举例，江苏广播电台希望把时光测评做成一个音频的栏目，收听广播需要一定的频率，例如周三下午的两点到两点半，晚上的十点到十点半，用户需要等到这个时候才能收听，而新媒体随时随地都可以，例如喜马拉雅、公众号等平台，非常便捷。互联网发展到今天，已经成为一个以内容为核心，垂直细分的领域，这也是未来的发展方向。

在微信垂直细分领域，需要内容定位非常清晰，受众定位十分精准。公众往往只关注粉丝的数量，然而这只是观察一个公众号价值的最基础的指标，真正优质的内容与精准的垂直定位模式才能决定未来发展的前景。例如“毒舌电影”，以发布非常辛辣的影评著称；“一条”，专注于分享生活内容；“十点读书”，提供知识的内容；包括之前的“咪蒙”的成功，就是开拓了一个价值观的垂直领域，寻找能引起共鸣的社会人士。

下面我们以“知羹”为案例，分析其在艺术领域如何进行垂直细分的传播。“知羹”是由南京艺术学院学生运营的艺术垂直领域新媒体平台，位列全国高校微信公众号的前十。参与运营的学生，从大三就加入运营团队，并且拿到 200 万元的天使基金。“知羹”于 2017 年 2 月正式上线，正处在新媒体转型分化期，凭借其优质内容和精准垂直定位，在短短一年时间中得到艺术爱好者的广泛关注。“知羹”运营一年来，全网点击量破 550 万次(包括微信公众平台 150 万次、网易自媒体平台 357 万次、企鹅媒体平台/腾讯新闻客户端 33.8 万次)，公众号的平均阅读量近 4 万。

“知羹”主要的内容分为三个部分：一是艺术家专访，以青年艺术家、原生艺术家为主；二是艺术类热点话题，如艺考、毕业展等；三是以艺术为延伸的娱乐文化类选题。虽然成立较晚，但团队对账号的定位清晰，已经形成可参考的传播方式。

首先是 IP 传播，其中最具代表性的栏目就是艺术家专访，栏目依托优质原创内容，打造了多位艺术家 IP，起到了提升和推广艺术家影响力的作用。同时，艺术家 IP 也大幅提升了平台自身的专业度，进一步增强账号的高度垂直性。区别于一般展览的前言式介绍，“知羹”力求建构自己的话语体系，将曲高和寡的艺术转化为大众看得懂的语言，打破艺术固有的圈层壁垒，扩大传播覆盖人群。该账号曾在三八妇女节对南艺油画系教授邢健健做专访，来谈他笔下的女人，文章推出后，广受好评，提高了老师的知名度。艺术家的专访，给大家带来非常强烈的新奇感。

其次是线上线下联动。“知羹”在运营过程中，会结合艺术家的线下活动，如展览、讲座等，一方面提升活动本身的关注度，另一方面形成线上线下联动的模式。2018 年 3 月，“知羹”做了两位在南艺美术馆举办展览的艺术家专访，为展览带来非常可观的参观人流量。同时，落地活动具有时效性和热点，因此也获得了不错的点击量。

除此之外，还要紧随艺术热点，在新媒体传播过程中，紧随热点往往能带来较大的关注度。与一般的社会事件相比，如前段时间的滴滴司机空姐事件，垂直领域的热点往往因为受众高度集中，可以获得较大的传播力度。比如在南艺 520 嘉年华期间，“知羹”四篇和嘉年华有关的话题文章阅读量近 30 万；在中国美院中国国际设计博物馆开馆期间，单篇文章阅读量达 9 万，文章在国美朋友圈广泛传播，与中国美院中国国际设计博物馆形成良好互动。

以“知羹”为代表的艺术垂直领域新媒体，在当今艺术传播方面不失为一种新型探索。从中我们也可以归纳出一些艺术向大众传播的方式：一是基于微信社交性的平台，面向大众传播，需要转换传统学术的话语体系，为大众呈现出可读懂的方式。大众阅读方式的覆盖面在不断地扩大，不仅仅是面向学院派的艺术家，还面向对艺术、对生活有向往的移动端用户，这样才能够获取足够的关注和传播，许多新媒体平台仅仅将传统的稿件移植到新媒体平台，注定难以获得大众青睐。二是结合手机碎片化阅读特点，建立“看图说话”的线性写作模式。新媒体时代，手机端屏幕决定了线性阅读的方式。为提升阅读体验，在移动端进行艺术传播时，要与传统媒体和学术期刊形成错位竞争，避免晦涩难懂，寻找更适合传播的线性写作模式。三是定位决定受众，受众进而决定传播，因此在新媒体的艺术传播领域中，最重要的是根据细分垂直领域精准定义账号的定位和属性，确定受众群体。持续输出有趣、有料、独特的内容，形成独特的受众和定位，对用户形成高黏性，进而了解用户，搭建内容，完成传播。

（南京艺术学院）

栏目剧的创造性转化与创新性发展

王海波

进入21世纪以来，蓬勃发展的栏目剧成为中国电视行业最活跃的节目形态之一。以2006年12月中广协栏目剧工作委员会的成立为标志，栏目剧发展步入快车道，这一年，随着栏目剧的滥觞、重庆台的《雾都夜话》正式改版，同时，包括江苏台《百姓聊斋》在内的全国一批品牌栏目剧相继开播，栏目剧迎来十年黄金发展期。

当前，随着互联网和移动互联网的广泛应用，现代传播格局发生深刻变化，电视频道尤其是地面频道黄金观众流失，收视大幅下滑，广告断崖式下跌，不少地面频道陷于入不敷出的境地。面对巨大挑战，面临生死考验，作为曾经深受老百姓欢迎的节目类型，栏目剧应该何去何从？

本文以江苏台的栏目剧发展为例，试析新的传播格局下传统栏目剧正在进行的创新探索和艰难转型。

1. 广告驱动：闭环式运营

栏目剧十年黄金发展期，也是中国电视十年黄金发展期。当平台和内容二者竞争力相互叠加、整个电视行业水涨船高之时，各个台栏目剧的运营模式大同小异。概言之，就是策划制作有话题、有热度、有品质的剧集，辅以线上、线下多样化、地毯式的宣传推广，有效扩大剧集影响，有力提高剧集收视，全力促进二次销售，以剧集的高收视赢取广告的高投入，形成从剧集到广告再到剧集的运营闭环。

江苏台的栏目剧运营也是如此。初创期的《百姓聊斋》，以“聊的是人间烟火，演的是市井风情”为自己的口号，改版后的《剧说那些事儿》，将口号升级为“聚焦世间万象，评点百味人生”，二者一以贯之的是坚持群众路线、聚焦现实题材、紧扣热点话题、讲述百姓故事。前所未有的贴近性、现场直播式的即时性和击破圈层的话题性，迅速造就了栏目剧收视和收益的双双攀升。无论是《百姓聊斋》，还是《剧说那些事儿》，在相当长的一段时间内，都拥有相当多的忠实观众与踊跃参与者，是江苏台的品牌节目，炙手可热，备受广告主青睐。

在栏目剧的黄金发展期，从节目与广告的先后次序来看，是先有节目，再有广告；从节目与广告的互动关系来看，总体上是节目的归节目，广告的归广告；从节目与广告的商业逻辑来看，表面上是节目带来了广告，本质上是广告支撑了节目。考查栏目剧本身，从服务对象来说，主要是面向受众生产；从创作主体来说，主要由编导主导完成；从基本属性来说，主要是作品属性。广告驱动、闭环运营的黄金期，可以看作栏目剧发展的 1.0 时代，这一时期的栏目剧，主要是成本中心。

2. 项目驱动：创造性转化

任何一种节目类型，都有其自身的发展规律和生命周期。近年来，在经历了黄金发展期后，栏目剧开始走下坡路，这主要有两个方面的原因：一方面，在网络冲击下，电视平台的竞争力不可避免地在下降；另一方面，由于创新乏力、预算有限、形态老化等因素，栏目剧本身的影响力不可避免地在衰减。两相叠加，不啻雪上加霜，原本门庭若市、待价而沽的栏目剧，很快变得门庭冷落、有价无市了。这种情况下，怎么办？失去广告的强大支撑后，栏目剧还有没有出路？有的话，出路又在哪里？这成为摆在全国栏目剧从业者面前亟待破解的现实难题。

这当然也是江苏台必须应对的挑战。2016 年，江苏台的栏目剧收视低迷，广告下滑，2017 年，失去冠名，尴尬“裸奔”。在这样一个事关栏目命运的转折关口，江苏台一方面实行“休克疗法”，另一方面在内外调研、专题研讨的基础上，推动栏目剧进行创新升级，在保持栏目名称、剧集时长、播出时段不变的基础上，明确了 IP 化、项目化的发展思路。栏目项目化、项目 IP 化，是一个面向市场、优胜劣汰的递进过程。先说项目化。从项目化的发展思路出发，江苏台大力拓展栏目剧的定制业务，包括平台定制、品牌定制以及私人定制等多种类型，并陆续打造了剧说乡村、剧说节庆、剧说美食等系列项目，成功引入了多个客户，取得了较好的社会效益和经济效益。

分析归纳上述定制项目，不难发现，从节目与客户的先后次序来看，是先有客户，再有节目；从节目与客户的互动关系来看，二者你中有我、我中有你；从节目与客户的商业逻辑来看，目标客户的引入，触发了定制剧集的策划和创作，定制剧集投拍和播出，满足了目标客户的个性需求，同时支撑了栏目的运转和广告的投放。考查项目化的定制剧集，从服务对象来说，首先是面向客户生产；从创作主体来说，由编导和客户共同完成；从基本属性来说，首先是产品属性。通过面向客户进行定制生产，江苏台探索实现了栏目剧运营动力的创造性转化，这可以看作栏目剧发展的 2.0 时代，这些项目化的栏目剧，从成本中心升级为模拟利润中心。

3. IP 驱动：创新性发展

新的传播格局下，传播渠道的多元化，用户时间的碎片化，对优质内容的需求越来越大，要求也越来越高，“内容为王”的重要性和确定性愈加凸显。由此可以得出的一个基本判断是，不是栏目剧不行了，而是你的栏目剧不行了。栏目剧的创作与生产，不能成为编导的自娱自乐，也不能一味地迎合观众，更不能为了眼前的利益沦为市场的奴隶，必须在坚守节目特性的基础上，创新打造具有自身价值观和市场号召力的IP。如何打造一个IP？对于区域属性强烈、地方特色鲜明的栏目剧来说，只有突破题材限制、突破地域限制、突破平台限制，才能在观众中立起来，才能在用户中立起来，才能在市场中立起来。

江苏台在打造自己的栏目剧IP方面进行了一系列的探索尝试，家庭生活轻喜剧《幸福一家人》、全国首部儿童版《西游记》以及大型国学系列剧《孔子和他的弟子们》在一定程度上都具备了成为IP的潜质。

从题材拓展来看，三个项目既有现代戏，又有古装戏。《幸福一家人》聚焦普通家庭，观照现实生活，以一家折射大家，以小切口反映大时代；儿童版《西游记》坚持忠于原著，以儿童演绎的方式普及西游文化，弘扬西游精神；《孔子和他的弟子们》秉持“一起玩、一起学、一起让国学流行起来”的创作理念，寓教于乐，启迪成长。

从地域拓展来看，三个项目业务链各环节都跳出了江苏，辐射到更广的范围。《幸福一家人》由江苏台与重庆台共同投资、共同制作、共同发行，第一季除了在江苏台和重庆台播出外，还成功发行到山东台；儿童版《西游记》中的小演员来自全国，海选承办走进大连，剧集拍摄先后到浙江龙门古镇、海南博鳌取景；《孔子和他的弟子们》中的小演员同样来自全国，甚至还有不少外国小朋友报名。

从平台拓展来看，苏渝合拍的《幸福一家人》成功登陆山东卫视播出，儿童版《西游记》节目模式成功输出到吉林台，国学剧《孔子和他的弟子们》除了面向电视屏生产常规剧集外，还面向手机屏同步生产了微视频《子曰》和微音频《微言》。三个项目在产品组合上做到了长视频短视频相结合、视频音频相结合，在传播渠道上则做到了地面频道与卫视频道相结合，广播、电视与网络相结合，实现了融合生产和融合传播。

把优质的项目打造成IP后，节目与营销的关系又有了新的变化。从先后次序来看，是先有节目，再有营销；从互动关系来看，节目在保持自身定位和品质的基础上，与营销深度融合，你就是我，我就是你；从商业逻辑来看，IP 自带光环，营销事半功倍，成功的营销又让 IP 的光芒更加耀眼。考查系列 IP 项目，从服务对象来说，考虑了受众、客户和用户三个需求；从创作主体来说，兼顾了编导、客户和用户三种意见；从基本属性来说，涵盖了作品、产品和用户三种属性。通过打造 IP 项目和剧集，江苏台栏目剧实现了创新性发展，这可以看作栏目剧发展的 3.0 时代，这些 IP 栏目剧，又从模拟利润中心进一步升级成为利润中心。

新时代如何谋划和推动栏目剧探索转型，全国各个台都在摸着石头过河，都在新的媒体生态中探索新的发展模式，江苏台的探索和实践只是其中的一种。从传统的广告驱动，到现在包括项目驱动和 IP 驱动在内的混合驱动，江苏台通过一系列创造性转化和创新性发展，推动栏目剧形成了新的产业闭环，逐步走出了一条符合自身实际的栏目剧发展的新路子。这个新路子，到底能走多远，还会有什么新的可能性，对全国栏目剧的发展将产生怎样的影响，这一切都还有待实践检验，所有为之付出的努力，时间都会证明它的非凡价值。

（江苏广播电视总台）

从机器美学到数字美学：技术与艺术创新的再思考

吴维忆

艺术与工艺的分离是一个历史的过程，在后工业时代的语境下，从非物质文化的角度重新诠释传统工艺的内涵和价值，对于思考艺术与技术之间的关系非常重要。本文通过分析“工艺”之于艺术和技术的衔接、融合作用，考查艺术与技术发生断裂的历史语境，反思机器美学的诞生，由此切入对新兴数字美学的探讨。

前工业时代的中国手工艺，已经达到了一个非常高的技术水平，通过艺术和工艺的交融，把器物之美的各个层面——抽象的、具体的、物质的、感知的一一完美融合在一起。上手触摸是中国人欣赏艺术品的特殊方式，与西方所谓的“视觉中心主义”有本质差异，这意味着西方理论与中国艺术其实并不契合。图 1 是龙泉青瓷鬲式炉，龙泉青瓷代表宋朝审美的高峰，而这个具体的作品则体现了工艺在联结艺术和技术方面的重要作用。

若有机会亲自上手触摸鬲式炉，可以发现在沿口下方有一条隐约的线，而且这条线是在釉面之下，是上釉烧制之前就存在的。这条线与上方沿口的线形成呼应，符合黄金比例这一审美规律。除此之外，这条线还兼具功能性，它可以抑制烧制过程中的膨胀，保证烧制的成功率。香炉的三足，同样兼具审美和功能的双重效果。这个例证说明，前工业时代的工艺已经达到技术和艺术的完美融合。

图1 龙泉青瓷鬲式炉

传统工艺的特殊属性和价值，意味着我们有必要在机器生产的标准化和量化控制之外，建构一套新的技术概念和研究框架。具体而言，针对传统工艺的技术研究必须首先明确：与机器生产不同，工艺造物依赖工匠的感官、肢体与经验。如鬲式炉的例子所示，正是具身化这一关键的过程，将理念、抽象的审美价值与给定的、具体的物质实存熔铸于可感、可用的器物之中，实现了艺术和技术的完美融合。

在开启新的工艺技术研究之前，首先要解决一个历史问题：前工业时代融合了物质性与非物质性的具身的工艺，是如何失落的？具身的工艺，是触感的、体验的、人际的。我们在现代工业产品中看到的则是审美和功能、个性和效率、表达和理性之间的对立，在机器化大生产条件下，取代工匠手工制作的流水线作业无法满足个性和表达的需要。格罗皮乌斯等现代设计的奠基者们认为，设计师可以在机器化生产的过程中注入这些失落的价值，这就意味着设计师扮演了关键的代理和中介角色，把工匠才能实现的具身的工艺价值，重新注入产品。换言之：工业化、包豪斯以及现代设计三者之间是相互成就的关系。从造物到机械化生产的过渡阶段，设计师扮演了工匠在工业时代的代理人。工匠在工业化的时代不再是主角，设计师转而站到前台，掌控价值标准。这实际就是格罗皮乌斯所倡导的包豪斯的设计理念：工艺和工业的统一，在机械化大生产中再次注入个性的表达与审美的诉求。

图 2 左侧是包豪斯的一位女性设计师设计的一个挂毯图像，其色彩、几何元素体现了工业时代的艺术对抽象理性的追求。

图 2　包豪斯工业设计

包豪斯确立了机器美学，让大众意识到机器生产的东西同样也可以是美的，也可以有表达、有个性，消费者则需要购买设计师设计的产品获得审美体验，也就是说，设计师在代理人之外还扮演着守门人的角色，而这一点深刻地关联着现代设计的内在矛盾：设计成为产品的附加价值以及中上阶层的身份标签，大众消费者始终处在工业社会美学价值体系的底端，机械化与现代设计共同承诺的“审美的民主化”最终被证明只是虚幻的泡影。

那么我们有无可能重新回到一种混溶统一的状态，让所有人都可以感受艺术与技术在工艺中的融合，从中获得具有个性创造性体验的满足？数字技术和互联网为再次的融合提供了一个新的契机。图 3 是

图 3 光之博物馆展览照片

“光之博物馆”的展览图片。“光之博物馆”将艺术史上著名的画作以投影的方式呈现在一个巨大的空间当中。观者可以通过数字媒介获得沉浸式的观看体验。由此更进一步，还可以考虑通过大数据计算观赏者的个人喜好，使投影与观赏者个人息息相关，在艺术家、艺术作品和观赏者之间达成一对一的深度联合，通过多感官统合的沉浸式体验建构出创作者和接受者共同创作的空间。

除了技术方面的积极可能性，高校的科研和教育也可以发挥在艺术与大众之间的沟通、协调的作用。在传统的艺术教育方面，高校研究者可以利用知识领域方面的优势，促成艺术与技术的结合，寻找创新的可能。

在文化产业、创意经济和文化政策方面，高校的理论研究和文创实践也有着广阔的发展空间。20 世纪 80、90 年代，以约翰·霍金斯(John Howkins)等为代表的英国文化政策学者们，帮助英国政府制定了创意经济的政策，随后创意经济在英国的 GDP 增长中发挥了很大的作用，甚至超过了钢铁制造业的贡献值。中国政府也因此开始效法英国，制定文化政策来推进创意产业的发展。当然，以创意经济为导向的文化政策一直遭受质疑，尤其是文化产品的公共效益与经济利益之间的矛盾。随着经济的发展转型，今天的学者面临着与 20 世纪 90 年代全然不同的问题：后工业时代的结构性转变中是否蕴含着解决矛盾的新路径，抑或是带来更加复杂的挑战？如何呼应国家对传统文化复兴的倡导，真正回归文化本原，还原文化事业不能被经济指标所化约的公共效益？这些都应该是当代文化研究者义不容辞的时代责任。

这些责任意味着当前的高校教育和科研必须从实践自觉出发。近三年来，南京大学艺术学院作为学术支持方，参与了南京市委、市政府牵头，校、府、企三方合作的“国际设计大师南京驻地”项目，旨在对南京市代表性非遗金箔、榫卯、云锦、绒花等进行保护和开发。该项目所邀请到的世界设计大师在南京驻地期间，以开放、谦虚的心态，在与南京工匠的交流接触中学习传统技艺，基于对南京历史文化的观察、体验，把个人的感触和艺术想象融汇到再创作的过程中，制作出了多件触动人心的设计作品。从他们的成功经验中，我们也得到了设计人才培养思路的启发：新的整合不再需要“守门人”的角色，未来的设计师在掌握专业知识、技能的同时应兼备人文素养和科研能力，在前沿设计理念与传统物质文化之间建立良性、永续的沟通。

（南京大学艺术学院）

数字人文与传统工艺

吴维忆

1. 数字人文的基础特性

数字人文的基础是海量数据和数据的可检索性，因此，首先要有巨大的数据库，包含前期非常耗时费力的原始文本录入和数据库结构的建设。这项工作台湾做得比较早，台北“故宫博物院”所藏书画都已经数字化且对外开放，大量的图像资料为收藏研究和文创工作提供了重要资源。另外，数字人文非常强大的一点在于帮助我们梳理一些很模糊的概念，抓词等操作能够超出人脑记忆的有限性。比如“工艺”这个概念来自日语的译名，而日语译名本身也发生过多次变化，那么现在如何从后工业时代的立场重新理解“工艺”概念？在对这个问题的研究中，我们就可以利用数字人文的研究方法来获得基本的线索。

2. 手工艺的物质性

我对传统工艺感兴趣的一个重要原因是工艺中有非常强的物质性。西方的艺术发展脉络，从抽象艺术到观念艺术一直延续着一条“去物质化”的线索，而“工艺美术”这个概念的提出其实就受到了这一西方主导的艺术观念的影响。然而传统工艺是与生活息息相关的，研究传统工艺有必要回归这一本质；另外从艺术史和艺术理论发展的角度来看，要打破遵循西方话语的思维惯性，就可以从工艺研究入手重新思考“物质性”，从观念史的梳理开始，进而跟物质史、社会史研究相连，再观照到现实。

3. 技术与艺术融合之必要性

目前国内的美学、艺术学研究与人工智能研究还没有建起有效沟通。事实上，人工智能要解决创造力这个关键问题，可以从艺术创造中寻找思路。人工智能并不是挑战人的创造力，相反，它可以帮助我们思考创造的本质、探究创造的过程，在这一方面，人文艺术、科学技术的融合可以说是势在必行的。

（南京大学艺术学院）

拥抱变化　专注创作　让艺术永葆青春

——从受众视角浅谈技术创新对艺术发展的影响

徐新营

一、技术创新对艺术发展影响的四个阶段

科学技术的创新和发展，影响着人类生活的方方面面，纵观整个科技发展史和艺术发展史，技术创新对艺术发展影响深远，主要分为以下四个阶段：

1. 造纸术——传播阶段

造纸术的创造，让艺术创作有了全新的创作和传播载体，像《清明上河图》和《富春山居图》等伟大的绘画、书法艺术作品才得以创作和传世。

2. 印刷术——普及阶段

印刷术的发明，对于知识和艺术的普及传播有着非常大的促进作用，更多的文学作品和书画拓本经过大批量的印刷出版，让更多的人可以欣赏到艺术佳作，也让更多的人有机会去研究和再创作，扩大了艺术的传播范围，扩展了艺术的传播载体，对于艺术的普及传播意义深远。

3. 影视技术——影响阶段

影视技术的出现，影响了几代人的成长，运用影视技术创作出来的影视艺术作品，有非常强的视觉冲击力和立体感，对于人的行为习惯，

尤其是青少年的行为习惯影响非常深刻，比如电影《少林寺》在全国的热映，掀起了全国 70、80 后的习武热潮，而电影《古惑仔》在内地的传播，影响了 80、90 后的染黄发、文身、拜把兄弟等一系列习气的形成。所以，影视艺术作品可以影响几代人的成长。

影视技术的出现，也影响着社会的公共事业的发展，比如著名摄影师解海龙的摄影作品《大眼睛》的广泛传播，拉开了我国希望工程的序幕。

4. 互联网技术——感知阶段

互联网技术的诞生，打破了原有的艺术创作方式，回过头来看，在此之前，所有的艺术创作，都是创作者的主观创作，而在感知阶段，创作者则需要根据广大受众的需求进行艺术创作，受众的需求在前，创作者的主观意识在后，这个时候大家才发现，也许这才是艺术创作本来的模样。

视频、直播、短视频等互联网新媒体平台的出现，让更多的受众可以参与到艺术作品的创作中来，把他们的一些想法和思维植入了艺术创作，比如短视频这类互联网新媒体艺术作品的创作核心就是受众需求。

艺术高于生活，源于生活，只有返璞归真，才会创作出更多有温度的艺术作品。

二、技术创新影响艺术发展的三要素

1. 技术创新促进艺术发展的多元传播

技术的创新拓宽了艺术作品的传播载体和传播形式，比如在影视技术没有出现之前，文学名著《三国演义》只能通过文本和舞台戏剧形式进行传播，而如今出现了更多的传播形式和途径，比如电影、电视剧、纪录片等形式。

2. 技术创新促进艺术创作的跨界融合

技术的创新打破了艺术门类之间的跨界合作壁垒，比如声光电技术的出现结合了传统的舞蹈、美术、音乐等艺术门类，打造出了非常伟大的实景演出艺术作品，如张艺谋的《印象·西湖》《印象·刘三姐》等系列作品。

3. 技术创新加速受众审美的量变与质变

传统的艺术传播有很多限制，传播形式比较单一，传播载体比较稀少，传播范围比较狭小，而随着技术的不断创新和发展，拓宽了传播渠道，扩大了传播范围，提高了传播速度。受众变得越来越多，而互联网技术的发展，又突破了传播时间和空间的限制，从而提高了整体的大众审美。

三、如何正确对待技术创新对艺术发展的影响

如何正确对待技术创新对艺术发展的影响，目前社会上有两个比较鲜明对立的认识，一种人极力排斥，他们往往主观地认为新技术尤其是互联网技术，对于艺术的发展和创作没有任何帮助，反而会阻碍艺术的发展与创作；另外一种人极力迎合，他们认为只要借助了新技术，尤其是互联网短、平、快的传播手段，就可以改变一切。

但技术更像是艺术作品的传播渠道、创作工具、呈现载体、跨界桥梁等。所以我认为无论技术多么领先、多么发达，经典艺术作品的诞生，离不开创作者的专业和专注。例如《白夜追凶》《琅琊榜》等近年来品质和收视率都非常高的优秀艺术作品，倾注了创作团队的专业与专注，同时也反映出大众的审美在不断提高，所以无论技术如何变化，我们都要学会拥抱变化，在拥抱变化的同时，我们更应该专注于创作，让艺术永葆青春。

有人经常说“艺术家都很偏执”，但我认为“伟大的艺术家都是热爱生活的人”。

每个时代都会有每个时代的文化艺术烙印，我们这个时代也会留下属于自己的文化艺术烙印，新技术的发展催生了很多新的概念，如3D打印、大数据、人工智能等，这些也许就是属于我们这个时代的文化艺术烙印。所以对于艺术的发展，我们既要传承也要创新。面对技术的创新，我们一方面要拥抱变化，但不能极力迎合，另一方面要学会借助新的技术手段，专注于艺术作品的创作。

（北京东方智库信息科学研究院）

江苏动漫产业的发展瓶颈与提升对策

章旭清

目前，全国已形成以京津冀、长三角、珠三角、中部、东北、西南六大区域为主导的产业格局。江苏凭借先发优势、地缘条件、人文优势和良好的政策环境，动漫产业迅速发展。但在跨越式增长的同时，制约江苏动漫产业竞争力的短板依然存在。与兄弟省市，如广东、浙江、上海等比较起来，江苏动漫产业在关键要素方面还有很大的提升空间。

一、江苏省动漫产业发展现状

江苏动漫步入产业化这十来年来，取得了瞩目的成绩。首先，江苏动漫产业产量壮大迅速，稳居全国第一方阵。2004 年江苏原创动漫数为零，远落后于广东、北京、上海。2005 年以《东方神娃》为标志，江苏原创动漫开始强劲加速。2006 年起，江苏电视动漫产量一直稳居全国前三名，与广东、上海不相上下。其次，江苏动漫的品质在全国也是名列前茅。迄今，江苏已有近百部作品获得国际、国内奖项百余次。在国际重要展会竞赛上，崭露头角的江苏动漫也是层出不穷。无锡慈文紫光的《西游记》曾于 2009 年获得南非国际影展动画金奖，这也是国产长篇动漫首次在国际上获奖。苏州士奥动画的《诺诺森林》曾在法国戛纳电视节亚洲展映会上获最佳作品奖，戛纳电视节是戛纳电影节的分支，其分量不言自明。无锡慈文紫光的《藏獒多吉》、南京蓝海豚动画的《雾林之王》《太阳马》曾获得动画界的奥斯卡——法国昂西动画节大奖。这说明江苏省动画制作能力达到了国际水准。在国内，“国家动漫精品工程”“中国文化艺术政府奖动漫奖”等最重要奖项中都活跃着江苏动漫的身影。2007 年之后，在国家新闻出版广电总局历年推荐的优秀国产动画片中，江苏一直保持在前三位。

然而，江苏动漫在获得业界认可的同时，在市场化道路的探索和行进上，依然面临着诸多挑战。首先，江苏动漫面临着发展效率偏低的问题。相较于产量和质量上的辉煌，江苏动漫产值一直在低位徘徊，没有进入过全国前列。相当一部分江苏原创动漫企业在亏损的泥潭中挣扎，也一直没有出现像广东奥飞、原创动力、华强这样的龙头企业。其次，品牌推广维艰。在国家新闻出版广电总局举办的“中国十大卡通形象评选”中，以及中国卡通产业论坛联合权威学术机构和主流媒体打造的“天下动漫风云榜”（以网络投票方式评选，被称为中国动漫风向标）上，进入榜单的江苏动漫品牌屈指可数。在这些榜单上，广东兵团以绝对优势排在前列，且占得 90%以上席位，上海亦在优势位置分得部分席位。在历年的《中国动漫产业发展报告》中，江苏原创动漫在市场份额及收视率方面也落在后面。毫无疑问，依然是广东兵团占据绝大部分江山。再次，龙头骨干企业稀缺。广东、上海有大量龙头骨干企业成为本地区动漫发展的引擎，如原创动力、奥飞动漫、深圳华强、上海美影厂、淘米网络、盛大网络、蓝雪数码、拾荒动画等。江苏动漫企业普遍规模偏小，能够带动本地区动漫发展的大型龙头企业很难寻见。江苏也有几家骨干企业，如常州恐龙园、南京合谷科技等，但市场竞争力很难和广东、上海抗衡。

二、兄弟省市的动漫产业发展经验

广东、上海是当下我国动漫产业发展实力最强的区域。这两地发展动漫产业的做法和经验很值得我省借鉴。

首先来看广东。这是我国动漫产业发展整体质量最好的区域，各方面指标都在全国领先。广东动漫产值近年来稳居全国第一，每年为全国动漫总产值贡献30%以上的收入，且保持着快速增长的势头。同全国其他区域的动漫产业难以盈利相比，广东动漫产业已经具备了较强的市场生存能力。广东动漫产业发展得益于两个因素：一是政府为动漫企业提供了良好的孵育环境。广州的中国国际漫画节，深圳的国际文化产业博览交易会（即文博会）、中国国际新媒体影视动漫节、文化产权交易所，东莞的中国国际影视动漫版权保护和贸易博览会，这些平台的建设为当地及周边动漫企业提供了丰富的产业对接途径。二是建成了较为完整的产业链集聚业态。以广州、深圳为核心的原创及平台服务基地，以东莞、汕头为核心的衍生加工基地，以原创激活周边衍生产业，以龙头骨干带动周边小微企业。

其次来看上海。上海动漫产业的特点是产量低、产值大，新媒体动漫活跃，品牌影响力强，国际化程度高。上海原创电视动画产量连续多年跌出全国前10位。这与上海企业将附加值低的加工制作业务转嫁到外地有关。同时，上海很多企业领潮流之先，将主要精力转向研发网络动漫、新媒体动漫，也是导致本地动画产量低的另一因素。但是，上海动漫总产值占全国比率这几年保持在10%左右，位列第二。本地动漫企业与美国孩之宝、迪士尼、尼克儿童频道合作频繁。其经验是：深度锻造平台、借势整合资源。一方面，相较于其他地方以大量资金来推动本地动漫发展，上海政府更乐意通过市场行为为本地企业深入产业链条的纵深腹地锻造平台。张江高科技园旗下的张江动漫科技公司以市场化形式为动漫企业提供设备租赁、技术支持、产品推广等服务。东方惠金文化产业投资公司则为企业提供金融服务。上海承办的“中国国际动漫游戏博览会”因其高端化、国际性，成为国内动漫商务交流的顶尖平台。2009年成立的上海文化产权交易所是国内首家文化产权交易平台，为文化物权、债权、股权、知识产权提供金融、交易服务。

2011年上海设立国家对外文化贸易基地，为文化产品“走出去”服务，以市场化方式由上海东方汇文国际文化服务贸易有限公司运营。另一方面，上海动漫企业积极与国内外优质企业合作，补足本地产业链环节上的短板。如上海今日动画公司与法国合作的《中华小子》、上海炫动传播与广东原创动力、北京优扬合作出品《喜羊羊之开心闯龙年》、动酷数码与迪士尼长期合作《小龙大工夫》系列、河马动画与美国最大的在线影片服务商Netflix合作的《超蛙战士之初露锋芒》、上海文广与美国尼克儿童频道合作。

三、江苏省动漫产业发展模式存在的问题

江苏现有的动漫发展模式是“政府主导，园区集聚”模式。这种模式的好处是能够在短时间内获得体量上的增加，搭起产业园区集聚的框架。但随之而来的负面影响也日渐显现，政府制定政策的初衷与实际效果产生了偏差。

一是全产业链难以集结。这种模式搭建起产业集聚的框架是在行政推力下完成的，而不是市场资源自动配置的结果，因此难以形成满足产业实际需求的产业链条。江苏虽然拥有多家国家级动漫产业园区，但各园区同质化发展，产业资源配置分散，产业链条断裂，未形成互补合作关系。园区相当一部分动漫企业主营业务集中在加工制作环节，而有潜力大规模进行传播、衍生开发的企业却又游离于产业园区之外。因此产业集聚效应差，衍生开发难。

二是创新产品难以孵化。这种模式很容易诱发企业投机行为，导致企业在知识投入和产品创新上的意愿不强。经调查发现，在江苏动漫产业发展中，有不少动漫企业为享受政府所提供的制作播出补贴，会将大量精力投放到低水平或仿制类动漫影视产品的制作以及播出渠道的公关上。这种因过多无谓精力的消耗以及资源配置的误置，导致很多企业难以将主要的人、财、物投入对关键技术或创作内容等的研发与

创新上，进而也导致诸多企业陷入造血能力贫弱、难出精品的困境。

三是优质企业难以培育。近些年，江苏虽然投入了大量的资金支持动漫产业发展，但是由于扶持企业面广量大，导致现有支持资金难以发挥最大效用，具体表现为：一方面，基本面较好的企业得不到充足的资金支持；另一方面，资质差的企业虽然获得了资金支持，但也难有很好的发展前景。与此同时，产品推介平台建设的不足和市场营销渠道推广的不畅，也使得江苏动漫企业所生产的产品陷入了“酒香然而巷子深”的处境，更遑论将企业进一步做大做强。

四、加快我省动漫产业发展的对策与建议

当前，江苏动漫产业已进入提质增效的关键时期。为进一步夯实江苏动漫产业的发展基础、增强发展动力，要在“让市场在资源配置中起决定性作用”的原则指导下，进一步激活市场活力，发挥市场作用。

1. 打造多类别对接平台，为企业深入产业链腹地创造条件

广东、上海的经验告诉我们，资金支持并不能从根本上解决企业生存问题，而为企业营造有利市场化运作的宏观环境，才是根本。我们有必要为江苏动漫企业建立产权交易平台、对外贸易平台、动漫展示平台、投融资交易平台、技术转让平台等，促成企业在产业链条不同环节上的有效对接，根据市场法则整合优势资源。政府应在这些平台的组织实施、合法有序运作方面给予规范并引导。

2. 链式化构建发展业态，为产业链形成规模化创造条件

江苏各产业园区企业多以加工制作为主，同质化发展，产业链条缺少下游衍生产业支撑。无锡、常州、扬州有较好的轻工业基础，服装、鞋帽、文具、玩具、工艺品、旅游用品、礼品等加工企业众多，适合动漫产业的衍生产品的开发与销售，如在这些地方建立衍生产品开发基地，可有效补充衍生开发的不足。

3. 从全面撒网式扶持转向重点扶持龙头骨干企业，以龙头骨干企业激活带动周边企业

现有的全面撒网式扶持并未能取得做强江苏动漫的预期效果。广东、上海的经验告诉我们，龙头骨干企业是带动区域动漫产业发展的动力源。因此，我们不妨把扶持重点转向几家市场基本面比较好(也即品牌化、市场化程度高)的企业，发挥龙头骨干企业对行业的带动引领作用。鼓励龙头骨干企业通过市场行为，如以参股、控股、兼并方式介入中、小、微动漫企业，将中、小、微企业打造成自己产业链条上的必要环节。

4. 全方位培育动漫品牌，为其市场化推广铺平道路

品牌建设是动漫产业的关键。一要对企业的资金扶持从播出导向扶持升级为市场导向、质量导向扶持。优先扶持获得国内外重要奖项和市场口碑好的作品。二要鼓励作家、剧作家加盟创作团队，提高原创作品的艺术水准。江苏拥有一支优秀的作家团队，有着旺盛的创作力，但介入动漫创作的很少。三要建立优秀动漫项目评审制度。建立企业动漫项目外地盲审制度，提升动漫产品质量及其在国内外的影响力。

(东南大学艺术学院)

(本文主体内容曾发表于《江苏省社科基金成果专刊》2016 年第 3 期，此次出版对原文进行了修改、补充。)

研究报告："手艺创承　非遗复兴"国际设计师南京驻地计划专题

金·布克的案例报告

莫崇毅

2016年8月，“手艺创承 非遗复兴”国际设计师南京驻地计划拉开帷幕，设计师驻地计划由南京市委宣传部发起，邀请全球23名顶尖设计大师和优秀青年设计师代表以“云锦、金箔、榫卯、绒花”四项南京非遗传统工艺为核心设计元素，赴南京进行驻地探访及创作。本项目依托中共南京市委宣传部、南京大学、上海金橄榄文化发展中心共建的“南京创享文化国际交流中心”(在建)，以“全球创新创业研究中心”为具体运行实体，采取“校-府-企(NGO)”合作模式向国内外高校、政府和社会机构开放。本次驻地前后邀请了包括国际驻地大师和新锐及先锋青年设计师等117批次的设计师。

驻地项目开展期间，南京大学艺术学院负责四项非遗的学术资料与工艺梳理工作，跟踪并及时记录工作日志，面向社会开展国际驻地大师讲座。目前，非遗案例库已采集大量图片、视频、音频、工作日志、非遗文献、口述史、调研报告等资料。

2016年8月，丹麦国宝级首饰设计师金·布克到南京分别探访了榫卯、云锦和金箔等非遗工艺，并至南艺和老万老物件工作室等地参观了各种老古董和工艺制品。其间，金·布克主要探访了金箔工艺制作流程，并跟随金箔制作大师亲自体验工艺环节。面对六朝古都的文化沉淀，树影斑驳的南京梧桐给其留下极其深刻的印象，也成为其后来驻地成果的灵感来源。以下报告即基于对金·布克驻地行程跟踪、口述史访谈和讲座交流等撰写的驻地报告。

一、点"铁"成金:金·布克及其多元材料的"珠宝"

1957年,金·布克出生在丹麦菲英岛北部的一座小城。童年的绝大多数时间里,他都是在齐斯泰兹度过的。他的父亲在齐斯泰兹经营着一家金属生产厂,厂里的主要产品是铝制品。说来也有宿缘,金·布克此行来南京考察的金箔生产工艺,与铝箔生产工艺之间也有着千丝万缕的联系。从小,金·布克就听着生产车间叮叮当当的声音长大,那个紧靠着车间的卧室,仿佛他的艺术音乐厅,他从小就喜欢待在里面。而这个如今屡获殊荣的金匠,最初是以富于变化与节奏感的铝制珠宝出人头地的,看来,童年的经历是他的创作源泉之一。

1978年,金·布克21岁,带着对未来的憧憬和一股初生牛犊不怕虎的气势,他独自来到奥尔胡斯,跟随老师傅吉尔伯托·布莱斯曼(Gilbert Pretzmann)学习手艺。与其他学徒注重技术与造型不同,金·布克在追求精益求精的技术基础上,一直在努力感悟和思考人与珠宝之间的关系。四年时光荏苒,金·布克顺利地出师了。而且他还在这年拿到了丹麦珠宝商协会设计大赛的设计大奖,可谓崭露头角。

年轻的金·布克并没有沉浸在成功的喜悦中止步不前,他拒绝了马上独自经营生意的提议,远赴德国慕尼黑,进入当地著名珠宝商马克思·波林杰(Max Pollinger)的工坊学习。这是一座充满了想象力与创造力的工坊,金·布克的创作技巧、艺术才华和个人发展都在这里获得了启发。波林杰对于珠宝材质的选取面相当宽泛。金·布克也认为并没有一种"珠宝"材质,这意味着任何材质,都可能成为珠宝。而这种观念在丹麦实属罕见。可以说,慕尼黑波林杰的新思想,带给年轻的金·布克以强烈的冲击,并融入了他的艺术思想。

年轻的金·布克意识到艺术设计需要开放观念的支撑,而非墨守成规的产品生产所能推进。于是,他前往丹麦首都哥本哈根进修设计高级课程。在两年学习期内,他尝试了用各种各样的材料进行设计,例如水泥、橡胶等工业材料,以及太空金属、钛金属等新型材料。他不仅在材料上勇于尝试,在珠宝以外,他还尝试了时钟、台灯甚至眼镜等工艺品的设计。不出意料,金·布克以优异的成绩毕业,其毕业设计成为媒体闪光灯的焦点所在。

毕业之后,金·布克来到著名设计师艾伦·夏夫(Allan Scharff)的工作室,帮助本特·彼得森(Bent Petersen)完成委任设计珠宝订单。本特·彼得森是丹麦珠宝圈的先锋派,他受到流行艺术的影响,显得十分反叛。六七十年代,彼得森的珠宝以"生动有趣"著称。回忆起与彼得森共事的日子,金·布克坦言至今仍深受其影响。

1987 年,金·布克在哥本哈根的梅塔尔美术馆(Gallerie Metal)举办了人生中第一次个人作品展。梅塔尔美术馆于 1978 年创办,十年来已成为丹麦首屈一指的珠宝艺术展示平台,金·布克的首次个人展览就在这里举行,对他来说也是个很大的鼓励。为了这次展览,金·布克精心准备了 31 件作品,分别是 5 只手镯、13 枚戒指、3 根发簪、3 副太阳镜、3 枚胸针、3 对耳环和 1 盏烛台。在珠宝材质方面,金·布克使用了大量被阳极氧化的铝,且混合了尼龙绳、橡胶、银和钢。大胆的材质和独特的设计理念,为他迎来了"天才"的盛誉。

1988 年,挪威艺术史家阿夫·汉姆沃尔德(Alf Hammervold)指出:"金·布克是形式表现主义大师!"当时金·布克正在挪威首都奥斯陆举办个人作品展,展品在形式方面清晰、简洁的线条,紧凑而又丰富的节奏感,为他带来了这一赞誉。金·布克对《挪威日报》说:"人们佩戴珠宝是去感受戴着的感觉,以及为了让别人注意到它的存在。"也就是说,只有当有人去使用这些被设计出来的珠宝时,这些珠宝的价值才会被全部实现。金·布克认为没有手指去佩戴戒指,那这个戒指就只是一个有洞的小东西;一根项链不能佩戴在脖子上,那么这根项链也就是毫无意义的扁平的形状;耳环也只有在它应该在的位置才圆满。当设计出来的珠宝都被人所需要，被穿戴在身上时，人们对它们的情感上或者智力上的投入才真正开始。这样的设计理念在他的很多作品中都有体现，比如一对代代相传的家族戒指，对于其中的一位家庭成员来说，这枚戒指就是她一生的幸运符，里面凝聚着她祖父母和母亲的爱，她确信这枚戒指可以在考试、测验中带给她好运。但是一个珠宝设计师是根本不可能给一件珠宝赋予这种神奇魔力的。这样的内在深意只有在慢慢的使用和传承过程中得到凝聚。而这些家族传承带来的情感和故事的凝聚，不是金匠所能复制和重制的，这也正是金・布克强调首饰与人的亲密关系的一种表达。

对于多种材质的融合，如何达至珠宝的"贵重"属性，金・布克给出了自己的答案。他宣称："手工劳动是我设计的珠宝中最有价值的部分，我手工制作的过程赋予了这些材质以价值，而不是材质本身的价格。"的确，金・布克总是苛求完美，手工的每一个步骤都精确无误，这份工匠精神和手艺才是不同材质浑融合一最好的黏合剂。

在 20 世纪 80 年代，珠宝的"现代"风格往往以大和丽为特征，金・布克决定反其道而行之。他开始设计一款易穿戴、夺目而又能代表"身体"的珠宝。他用被阳极氧化的铝和橡胶制作了一枚长胸针。这枚胸针如果戴得稍高一点，其针尖就超过了肩部。如此，哪怕是后方来人，也能第一时间看到针尖。在来人看到佩戴者的面庞之前，胸针代替主人给来人留下了"第一印象"。

铝材质在色彩和光泽上具有其优势，铝的黄、绿、红、蓝、紫都显得那么光彩过目。另一方面，铝又具有"工业性"的特性，哪怕是经手工加工定型的铝制品，依然透露出强烈的机器生产的气息。金・布克特意利用了铝的这一特性。在他看来，手工的"古典诗意"并不重要。他在乎的是连接不同材质的"逻辑"，例如前文提到的"手工制作的过程"。

材质选择的自由多变，尤其是普通材质与名贵材质相结合的特点，曾被认为是"新式珠宝"的趋势。如今，趋势已演化为大潮，此前以贵金属的纯度、大小作为珠宝价值唯一评判标准的思想早已被推翻，珠宝制作的工艺技巧和材质的耐用度等也早已退居次席，现在决定珠宝价值的首要因素是艺术内涵。毫无疑问，金·布克也是这股新浪潮的弄潮儿之一。珠宝的艺术内涵建立在设计师的艺术理念和表达技巧之上，金·布克认为，珠宝的呈现，离不开身体的参与，身体就是珠宝艺术的“边框”。珠宝是一种可穿戴的艺术，由此珠宝设计就必须考虑到身形和体态对珠宝呈现的制约。珠宝生产商的理念则不从艺术出发，他们认为珠宝只是一个容器，承载着消费者的欲望和时尚观念。

艺术的阳春白雪在与市场的结合过程中并没那么顺利。商业诉求和艺术追求有时候也显得南辕北辙。甚至“传统”有时候也跳出来捣乱。金·布克在20世纪80年代设计的戒指，以黑色橡胶为环，以铝为宝石。橡胶环与铝的凹槽相连接。然而，“传统”的戒指需要在宝石的底部或外围有所保护，金·布克的这枚戒指却直接将宝石置于外围，与“传统”背道而驰。不过，金·布克的设计却体现出其艺术理念，并由这枚戒指影响了人们的珠宝观念，体现出“新式珠宝”的艺术观念特质。这枚戒指能让人们相信珠宝可以成为一门艺术，但因其与“传统”的距离，也拉大了与普通民众的距离。

金·布克所设计的艺术珠宝难以被普罗大众所接受，接不到大批量的订单，在商场里也没有专柜经营。他的作品显得那么与众不同，却在大多数时间里只能陈列在属于艺术世界的美术馆与博物馆当中。为了拉近与大众的距离，1990年，金·布克在哥本哈根开设了自己的工作室，并在自己的工作室旁运营一家珠宝店，销售自己的作品。另一方面，金·布克也着手设计一些小巧、精致而耐用的珠宝。基于他的国际视野和艺术理念，他的作品总是让普通民众在第一时间感到惊讶，甚至有人说他是一个不用黄金的金匠。

2001年，金·布克设计了一件命名为“内在”(Deep Inside)的作品，它表面看上去非常平庸，但是从它想表达的含义和使用方式来看，是极具诗意和创意的。从外表看，它就像一枚普通的、光滑的金戒指，但是里面又有一颗颗心形点缀。这里面的智慧在于，当你把它戴在手指上，只有佩戴者才知道其中隐藏了什么，由此去传递一种私密的信息。金·布克想借此表达的是，他喜欢简单的东西，但是简单的东西也可以包含得比我们看到的更多。他尤其喜欢藏在里面的秘密，只有通过与珠宝的亲密接触才可以发现的秘密。这启发金·布克去设计那些为了人生某些重要的时刻而准备的珠宝。

2007 年，丹麦艺术基金启动了一项“首饰盒”计划，该计划针对珠宝艺术行业长期脱离市场，难以被大众所接触和了解而设置。根据“首饰盒”计划，凡是在 1977—2007 年受过艺术基金资助的珠宝首饰，都可以在“首饰盒”中陈列，如果有哪位丹麦市民希望得到一件珠宝让其在正式场合中大放异彩，那么该市民可以办理相关手续无偿使用一次该珠宝。在这项计划中，金·布克提供的珠宝完全超出了民众对于一位金匠手艺的理解。

金·布克拿出一条独特的项链，它由一块绿色海绵为框，内设宝蓝色刷毛，转动海绵框一侧的曲柄，刷毛还能上下刷动。把毛刷和海绵从厨房中搬出来，改造成一款项链，称之为珠宝，成为一个话题。开玩笑地说，如果哪个政客戴着这串项链出席讲演，至少能传递出对其言行负责的意思。其实，金·布克通过不同材质的混搭，尝试表达的意思在于“交流”。金·布克的这一设计，代表了他对于珠宝行业理念的先锋思想。这串项链的主旨以其纯粹的图形和材质传达给人们，它提升了人们对于珠宝的理解和感悟，提供给人们新颖的对象和足够的谈资，让人们惊叹它、爱上它。

时至今日，金·布克的工作室已经经营了二十余年，并培养出了一批新的优秀金匠，如今，金·布克带着对东方金艺的浓厚兴趣，踏上了古城金陵的这片热土，尝试将南京享誉世界的金箔工艺与自己的珠宝艺术相结合，创作出新的艺术精品。

二、六朝金箔：金·布克与南京金箔工艺

南京金箔的历史源远流长，在南京发现的六朝大墓建筑中已有金

箔的痕迹，1956 年第 6 期《文物参考资料》记载了南京幕府山大墓发掘出小金叶残片，1974 年第 2 期《文物》杂志上也记载了胡桥大墓出土的贴金步摇首饰。2002 年第 7 期《文物》杂志刊载了东晋温峤墓发掘报告，也提到出土了一组金箔制器。此外，“南朝四百八十寺，多少楼台烟雨中”，香烟弥漫的大雄宝殿里，多少座佛教造像竖立于南京各寺庙中，而佛像贴金，又是金箔工艺在古代的主要用途之一。可以说自六朝开始，南京就是金箔工艺使用的主要地区。而发展到明清时期，随着南京城轻工业生产的日益兴盛，南京也逐渐成为全国金箔生产的中心，并一直保持至今。据说清初南京城就有专门从事金箔、金线生产的家庭手工作坊 30 余家，从业人员超过 200 人。到了晚清，南京金箔生产已经产生了自己的“品牌”，由龙潭人创办的“谢春山金箔店”，集中了金箔生产的打箔、切箔、切金、褙金、拍叶五项工艺，同时销售金箔与金线，雇工数十人，产品畅销全国，同时带动了龙潭镇的金箔生产工业。至 20 世纪初，仅龙潭一地就有金箔、金线作坊近百家，年产金线 50 万支。甚至比南京城内 30 余家作坊的规模还大。

民国时期，龙潭成立了金线行业协会，为南京锦缎生产提供了源源不断的重要原料，使南京的缎、锦、绒、绸纺织工艺具有明显的地域优势。1956 年，国家组织了对明定陵的发掘保护工作，其中出土了 644 件光芒耀眼的帝后织品。其中万历皇帝的缂丝十二章衮服以十二章十二团龙纹样为主体，环绕孔羽、金线等其他绒线，并以缂丝织成。为了复制这件精美绝伦的衮服，科研人员遍访各地金线制作者。最终，在龙潭地区寻找到了明代金箔、金线工艺继承人，以传统金线制作工艺为复制工作提供了最得心应手的原料。如今，经历了明清两朝风雨，却依然在南京生生不息的金箔工艺，不仅重塑着过去的辉煌，更开创着崭新的时代。

南京金线金箔总厂坐落于龙潭街道，成立于 1955 年，曾为北京故宫、颐和园、天坛、世纪坛、人民大会堂等重大工程提供金箔，同时是国家级非物质文化遗产——南京金箔锻制技艺的项目管理单位。

南京金陵金箔股份有限公司坐落于江宁区东山镇，是中国乃至世界最大的金箔生产企业。南京金箔集团下辖的中国金箔艺术馆，占地面积 4000 多平方米，规划 8 大展区，陈设了 3000 多件精美的金箔工艺品，是世界上最大的真金箔艺术馆。2006 年，中国黄金协会更是在江宁命名了“中国金箔城”，以此荣耀占据全国七成以上金箔产量的江宁金箔产业。

2016 年 8 月 16 日，金・布克一行来到江宁南京金箔集团，向“南京金箔锻制技艺代表性传承人”“南京工艺美术大师”梅正华请教传统金箔生产工艺。梅正华从事金箔生产二十余年，在金箔装沾、打开子、炕炕、打箔、贴金箔等多道环节中皆有精湛的手艺，能够制作厚度仅为 0.11 微米的金箔，经其手贴裹的工艺品，接缝隐蔽、保存期长。

金箔工艺的流程可分为 12 个步骤，前两步为配比黄金和化金条，是生产之前的准备工作。从第三步开始分别是：压延，通过人力或机器将金条捶打成薄片，然后裁剪成 4 厘米见方、薄如纸张的金叶子。做捻子：用竹刀将金叶子切成 16 份，每份 1 厘米见方，即金捻子。落金开子：将 20 厘米见方的乌金纸裁成四份，每份 10 厘米见方，即金开子，然后将金开子加热备用。沾金捻子：将金捻子用指尖沾着放在加热过的金开子正中心，一层金开子夹一枚金捻子，总共夹 2048 层。打金开子：对金开子进行捶打，使薄如纸张的金捻子变得更薄更开，直至将开子打满，变成 10 厘米见方，即金开捻子。装开子：将已被锤制成 10 厘米见方的金开捻子用羽毛挑入 20 厘米的乌金纸内，装有金开捻子的乌金纸称为家生包。炕炕：将装好金开捻子的乌金纸即家生包放入炉内控温，保证其不受自然空间温度和湿度的影响。打了细：对控温后的家生包进行旋转捶打，使包裹其内的金开捻子变得薄如蝉翼，柔比锦缎，轻若毫毛。这是金箔锻制工艺中的最后一道锻打工序，难度大，也最辛苦，是考验金箔匠人手艺的难关。至此，已完成了金箔工艺的前十步流程，最后两步是出具和切金箔，即将家生包内的金箔挑入毛太纸内，并切割成规则的形状。

在梅正华的陪同讲解之下，金·布克饶有兴致地参观了12个步骤中的压延、做捻子、沾金捻子、装开子、出具和切金箔等环节，还亲自尝试了打了细、出具、切金箔等最后三道步骤。

打了细操作难度大，通常由正副手两人上下对坐，坐上者左手扶家生包，单手翻转移动，右手抡八斤铁锤，是打了细环节的主导者。坐下者双手持五斤重小锤，随着大锤击打的位置跟随重击，两人共同捶打三万次，则完成了这道环节。

切金箔是最后一步，其难度系数也不小，匠人们须练就口风成线，即能从三根并排的蜡烛中独独吹灭中间一根的本事，方能从业。金·布克在这道工序中经历了挑战，并感受到了金箔工艺对“匠人精神”的要求。

在这一天的行程中，金·布克表示他在今天来到江宁之前就期待这次旅行会有什么样的发现，而这整个金箔的制造过程让他印象非常深刻，匠人的价值观都融入在这个制作过程里面，匠人本身的手工艺甚至比制作出来的一张张金箔更有价值。匠人们都是百分之百集中于整个制作过程，金箔制作流程不允许失败，一旦出现一点失误，就得从头再来。这一点与金·布克本人的技艺精神是相通的。

金·布克认为，在珠宝领域的创新，要么是创新材料，要么是创新技术。他曾在丹麦尝试过将真金制作得很薄，并通过它来制作一款会自我膨胀的首饰，这项技术在参观过程中重新蹦入他的脑海，他开始思考能通过这项技术表达些什么理念。从材料的角度看，金箔是用贵重金属黄金制作的，但其本身又非常地脆弱，甚至有点儿弱不禁风。如果要选择这个材料，如何才能与现代的珠宝设计理念结合起来，如何将金匠师傅们与他交流的经验和理念结合起来，都得等待他做出选择。

当人们不知道一样东西是如何被制作出来的情况下，人们如何去构想用这样东西来表达思想，在金·布克看来匪夷所思。金·布克认为知道一样东西的成型过程，比如参观并参与了金箔制作流程，就相当于学习了几个字母的写法。如果不懂得这些字母的写法，如何能用文字表达出想要表达的意义呢。而在跨文化的手工艺领域，必须先学习对象工艺的术语，这样才能慢慢地了解对象工艺，熟悉其制作流程。

金·布克认为中国人现在对于自己的传统文化、传统工艺的兴趣越来越浓厚，这是一个正确的方向。中国人应该把中国的好东西带到西方社会，让这些东西产生更大的影响。而在当下，金·布克认为中国传统文化里像金箔工艺这样值得被发现和挖掘的东西还有很多。

三、梧叶摇金：金·布克拾起梧桐树下的光斑

在南京的行程中，金·布克对高大茂盛的南京梧桐产生了景仰之情。南京的梧桐树，是南京作为现代城市的象征，也见证了南京的百年城市史。19 世纪晚期，南京城开始种植梧桐树作为行道树。1929 年，为迎接孙中山先生灵柩，自下关码头沿中山北路至新街口，转而向东沿中山东路出中山门，顺着陵园路至中山陵，道路两旁种植了一万多株法国梧桐。其后，南京又陆续种植了数万株梧桐树，至 20 世纪 60 年代，南京市栽种梧桐树近十万株，超过五分之四的城市主干道以梧桐为行道树。

如今生活在南京的人们，不管是老南京还是新移民，不管是匆匆过路的游客，还是淘金来东方的外国人，对于南京的印象，都与城内那一株株、一片片高大的梧桐有关。随着南京城市经济、文化、教育、医疗等综合竞争力的高速发展，梧桐已经从行道树变成了南京的一张新名片，得到众人的青睐。

金·布克徜徉在梧桐树下，看着一根根金色的光柱从硕大的梧桐叶片间穿过，投射在斑斓的地面，形成一块块璀璨的金块。这不正是金箔工艺的贴金之术吗？原来，自然的奇妙造化早已透过梧桐将金箔之美洒遍南京。

他“拾”起其中一块光斑，思考着如何将这小小的光斑变成一件首饰，让南京的梧桐、南京的金箔工艺，与生活在南京、来往于南京的人们

产生身体的联系，变得更为紧密，让人们的故事、情感注入这件独特的首饰之中。

金・布克选择了两个几何图形来代表光斑，一个是椭圆，一个是圆形。当两者均匀地铺在一起，就象征了梧桐树下斑驳而多变的朵朵光芒。承载这两种图形的材质是梧桐木，金・布克选取梧桐木做成椭圆形圆柱和圆形圆柱，从圆形的一面光滑平整地凿空柱体，再将金箔贴入柱内，便成就了一枚枚金光耀眼的胸针，象征着南京的梧叶之光。

“金”在中国传统文化里象征着西方。“木”在中国传统文化里象征着东方。金箔与梧桐木的结合，恰恰暗示着东西方文化的交流与融合，又与金・布克带着北欧视角学习中国东南的工艺形成了某种意义上的呼应。在未来的南京城市发展史中，如金箔工艺这样的传统南京文化，必然走出国门，在世界范围内引起重视，与海外文化发生融合；另一方面，如金・布克这样的海外艺术家来到南京一样，越来越多的域外文化、技术、思想将进入南京，融入南京的城市精神，使南京拥有一座国际都市的基因。伴随着时代的发展，当人们回首这一过程时，南京的梧桐树、金・布克的梧桐金光，都将载入史册，成为一份耀眼的记忆。

（南京大学艺术学院）

托马斯·韦德肖恩的驻地报告

吴维忆

2016年9月中旬，荷兰平面设计师托马斯·韦德肖恩(Thomas Widdershoven)赴南京探访非遗工艺，分别至宜贡坊、云锦博物馆、江宁织造府、云锦研究所等地探访了云锦工艺。9月14日，至我校开展“图形聚力”讲座分享其创作案例，并接受我院专访。以下报告即为基于对托马斯·韦德肖恩驻地行程跟踪、口述史访谈和讲座交流等撰写的驻地报告。

一、图形聚力(graphic empowerment)：韦德肖恩的平面设计观

托马斯·韦德肖恩是世界知名的荷兰籍平面设计师、荷兰托尼克设计工作室(Thonik)的联合创始人。韦德肖恩钟情于教育，在执业的同时，曾在荷兰多家设计学院担任教职。在担任埃因霍芬设计学院(Design Academy Eindhoven)院长的三年时间里(2013—2016)，韦德肖恩通过一系列创新举措，将这所知名设计学府带到了一个新的高度：2016年12月，在建筑设计媒体Dezeen列举的年度最热设计学校中，埃因霍芬设计学院排名第三，位列英国皇家艺术学院(Royal College of Art)和巴特利特建筑学院(UCL Bartlett Faculty of the Built Environment)之后。

韦德肖恩曾修读哲学、艺术专业；攻读设计学位时，结识了后来的夫人尼琪·冈尼森（Nikki Gonnissen），志同道合的两人共同创办了托尼克设计工作室。冈尼森是被誉为“平面设计界的奥斯卡”的国际平面设计师协会（Alliance Graphique Internationale，AGI）会长，作为顶尖设计师，夫妻二人长期引领着荷兰及国际设计领域的发展趋势，这一点集中体现在托尼克的设计理念和作品上。以托尼克为荷兰社会党（the Dutch Socialist Party，SP）所做的视觉识别设计为例（图1、图2）：

图1　托尼克工作室为荷兰社会党设计的标志

图2　托尼克工作室为荷兰社会党设计的海报

荷兰社会党的旧标志是一个倾斜的番茄，托尼克工作室将它重新设计为一个对称的番茄，以镂空的五角星象征社会党。围绕这一全新的标志，工作室通过其专长的平面设计（graphic design）和视觉交流

(visual communication)设计，重塑了社会党的形象。此后，社会党的国内支持率不断提升，在 2006 年大选之后成为荷兰议会的第三大党。撇开荷兰政局的一些宏观因素不论，这一案例反映了平面设计行业内部的重要变革，以及韦德肖恩等一批平面设计师在此过程中所坚持的立场。正如托尼克工作室主页上所陈述的："托尼克坚定地扎根社会，积极参与正义与公平等公共议题的讨论。通过每一次的每一个设计，点滴改变世界。"

在韦德肖恩接受教育的时期，平面设计仍是一个相对封闭的专业领域，较少关涉政治或社会问题。而建立托尼克工作室以来，韦德肖恩与同事一贯坚持设计师的政治参与和社会责任，这并不意味着专业水准、行业自律的松懈，而恰恰是基于他们对荷兰平面设计、设计的本质以及设计教育的更深刻的反思。荷兰平面设计有着深厚的积淀，韦德肖恩之前的很多老一辈大家为世界字体设计和编排网格奠立了基础，那个时代的荷兰平面设计是经典的、理性的、工整的。曾经，平面设计的关键问题是："如何以'正确'的形式呈现并组织文字和图形"，"正确"与否，则取决于业内人士和知识精英的判断。换言之，观众看到了每张海报，但他们的视线却未必能够穿透设计内在的障碍与区隔。如果说平面设计有自己的一套语言，韦德肖恩所代表的一代先锋设计师所做的就是运用他们所掌握的语法，触及、触动观众，以关联实现更广泛的沟通。

平面设计重心转移与评价体系重构的根基是"以人为本"的设计理念。从这条理念衍生出去的具体路径可以是千差万别的，而共同之处在于，不同形式的设计的着眼点都不再是任何孤立、绝对的规范或要素，而是关系：人与物、人与环境、人与人之间的关系。以关系为导向，意味着为设计打开更广阔空间、甚至超越文化差异的可能。在宣布卸任埃因霍芬设计学院院长一职后不久，韦德肖恩即接受国际设计师驻地项目的邀请，来到南京。此次驻地期间，他在南京大学发表了一次题为"图形聚力"(graphic empowerment)的公开演讲。讲座的主题体现了他对“关系性”的理解，也浓缩了他的平面设计观：关系意味着启发力、沟通力、聚合力，设计可以借用力量，设计也可以赋予力量。如何在一个异质文化和陌生领域内运用自己的专业技能，以南京云锦为要素，达成东西方文化之间、工艺与设计之间的对话，可以说是韦德肖恩为自己的平面设计理念所选择的一次现实挑战，也是他需要与民间手工艺者共同合作完成的挑战。

当然，国际设计师驻地项目并不是韦德肖恩与中国的第一次接触。2008 年和 2015 年，托尼克工作室先后为上海当代艺术博物馆和南京青年文化周做了一系列视觉识别设计。以上海当代艺术博物馆的标志为例(图 3、图 4)：

上海
当代艺术
博物馆
Power
Station
of Art

图 3　托尼克工作室为上海当代艺术博物馆设计的标志

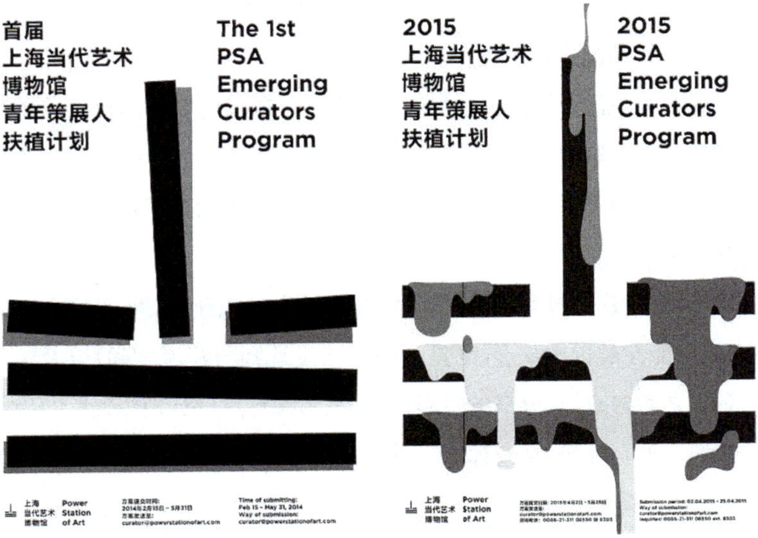

图 4　托尼克工作室为上海当代艺术博物馆首届“青年策展人扶植计划”(2015)设计的海报

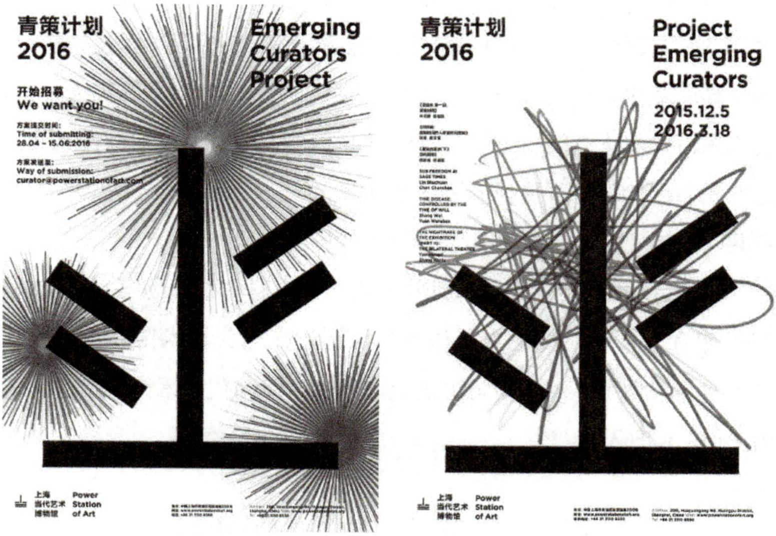

图 5　托尼克工作室为上海当代艺术博物馆第二届“青年策展人扶植计划”(2016)设计的海报

由图 5 可见，托尼克工作室提取当代艺术博物馆的“当”字作为关键要素，以之为原型，对其进行意象化的解析，将其分解为两个短横、两个长横、一个竖横，然后对这五个简单的元素进行多元化的组合，贯穿到一套成体系的设计中去。

作为抽象图形，这个视觉标志能够引起观者对上海当代艺术博物馆建筑轮廓的联想，蕴含了设计者以视觉传达建立沟通的智慧和幽默感。比较首届和第二届“青年策展人扶植计划”的海报可以看出，简洁、直观的标志中蕴含了丰富的变化。设计师的第一次赋形，是深思熟虑之后的抽象，这一过程赋予了一个有形的设计以阐释、创意的潜在可能；而可能性的再次赋形，则是一个平面设计师与观者之间，以及观者与观者之间的言说、分享的过程，这正是韦德肖恩设计理念之“关系性”的体现。另一方面，这一标志设计对跨文化内涵的承载则体现了宏观层面的“关系性”。如图所示，标志融合了中英文，利用网格平衡感来对中英文进行大小和排版的设计，实现英语与中文在逻辑与审美上的平衡，这也体现了韦德肖恩对实现项目设计理念与本地文化实践之间的平衡感和协调感的诉求。正如他本人所概括的:“这其实是一个非常现代化的问题——与越来越多的多极世界交流是我们要面对的现实。”

二、驻地过程

2016年9月11日,托马斯·韦德肖恩及其助理一行抵达南京,开始了为期两周(11—24日)的驻地活动。在四项非遗传统工艺中,韦德肖恩选择的是云锦,此次驻地的工作主要包括三个主要内容:

1. 了解工艺

9月12日,韦德肖恩一行在云锦纺织员工和稀捍行动成员的陪同下,探访了明孝陵云锦博物馆、江宁织造府、云锦研究所。

在云锦博物馆,韦德肖恩初步了解到云锦的四大品种:妆花、织金、库缎、库锦,其中后三者都是可以用机器工艺制作的,只有妆花必须靠手工才能完成。妆花图稿经过设计成图案,图案再经由织工打结进行编码编织出来,编织出的图案是反面朝上的,一天织一寸,编织过程精细又漫长。博物馆的工作人员向韦德肖恩展示并介绍了馆藏的已有700年历史的织机,以及《五星图》和《夫子庙》(被国家博物院收藏)等云锦作品。随后,韦德肖恩参观了江宁织造府,着重了解了妆花。妆花颜色多达三十多种,是电脑技术无法合成的,并且全部使用天然染料。最后,韦德肖恩来到云锦研究所,在继续了解妆花作品和工艺的同时,还观摩了织锦的过程。在这里,他了解到妆花的生产工艺包括纹样花本、品种组织、组机装造、材料装备、织造工艺和检验整理六个流程;另外,由于云锦学徒周期很长,织工的培训因人而异,最少要四五年,而且云锦技艺复杂且需要耐心,现在学习的人并不多。韦德肖恩还向陪同讲解的两位织工徐晓芳和王巧云询问了织机工作原理、材质选择、图案样式等问题。

作为一位平面设计师,他对图案十分敏感,相信这也是他在四个工艺中选择了云锦的一个重要原因。他在看作品的过程中还不断询问徐晓芳和王巧云两位织工对作品的喜好，有意比较了在江宁织造府和云锦研究所两处拍到的织工所喜欢的不同的图案。

2. 学术讲座

9月14日下午，凤凰网记者邬楠对韦德肖恩及其助理辛普森(Simpson)、学生王雅媛(Alice)分别进行了简短访谈；在紧随其后的新闻发布会上，韦德肖恩等人共同就凤凰网、网易等媒体人的提问做了回应。当天晚上，韦德肖恩在南京大学艺术学院报告厅发表了题为“图形聚力——简明巧妙的图形中蕴含的无穷力量”(Graphic Empowerment: The Power of Clear and Playful Graphics)的公开讲座，并正式受聘为南京大学艺术学院客座教授。

韦德肖恩在讲座中梳理了托尼克工作室几个经典案例的创作过程，围绕这些例子详细阐述了他本人以及工作室设计师团队所坚持的设计理念和设计方法论。这些案例包括托尼克为荷兰电台、上海当代艺术博物馆、深圳建筑、南京市青年文化周等机构或活动所做的设计。到场的听众包括南京多所高校的师生以及设计界的从业人士，在最后的互动环节，韦德肖恩还耐心地解答了他们对平面设计的疑问和实践中遭遇的问题。

3. 共同创作

韦德肖恩一行此次驻地的主要活动都发生在江宁区上坊镇高桥门灵龙工业区的宜贡坊。在12日初步了解工艺流程之后，韦德肖恩从13日开始深度了解云锦的工艺细节，并且与两位织工徐晓芳和王巧云进行了密切交流。

13日上午，宜贡坊黄总与织工徐晓芳、王巧云一起为韦德肖恩讲解了大花楼木织机的结构和运作原理，两位员工还讲述了她们的云锦织造生活。大花楼木织机各部件的命名取自十二生肖的名字，如牛眼、狗头等名字。前面的十五个架子名为七方八帐。宜贡坊使用的机器是最初始也最标准的模式，机器的长、高是固定的，宽度可以根据需要进行调整。云锦制作的步骤分为搭机器、搭帐、穿丝、提花(决定画的颜色、图案形状)和织花,所有准备工作都要提前做好。云锦织造采用通经断纬的工艺,线的横向长度为 78 厘米,每厘米又分为 7 股线,每股线 20 根,搭线为 1800 根。一幅画的尺寸大概 30 厘米,每天能织 12 厘米左右,织完一幅画大概要 3 天时间。云锦中常见的图案有龙、凤、牡丹、孔雀、云等。从工艺难度而言,最难做的是渐变色。黄总以一幅正在制作的孔雀图为例,说明制作途中需要反复修改和调整,制作途中要细心,退 1 厘米要消耗的时间相当于织 5 厘米所用的时间。

13 日下午,韦德肖恩与宜贡坊的两名织工和老板进行了专业知识的探讨,并对未来的合作方向进行了规划。针对此前了解到的两位织工喜欢的云锦图案,韦德肖恩与她们进一步交流,意识到双方对云锦图案风格的不同偏好反映了中荷的文化差异。宜贡坊员工在交流中提到,团队在云锦的制作过程中是最重要的,一个作品的成败取决于每个人在各自环节的努力和他们贯穿整个流程中的协作。韦德肖恩也将他的关注点放在了人而不是工艺上。他提出为女织工的女儿设计婚服,将其作为驻地项目的设计作品。这个方案的目的,是突出云锦织造过程中最为关键,但恰恰长期被忽视的元素——织工。作为一个外来的观察者,韦德肖恩从这些辛勤、专业而低调的工匠身上获得了最多的启发,他希望从全新的视角、借助设计的创新形式将云锦工作者努力工作的状态与精湛的手艺呈现给大众。整个交流过程,作为韦德肖恩驻地活动纪录片的一部分被拍摄留存。

9 月 14 日上午,韦德肖恩的学生王雅媛采访了织工王巧云的女儿,询问其对云锦的看法与对母亲工作的想法,并就制作婚服一事进行探讨,希望将她的想法通过母亲和设计师的共同努力表达出来。在随后的凤凰网采访中,韦德肖恩、辛普森和王雅媛三人在谈到各自的感受与感悟时还讲述了驻地开始以来设计方案的调整:随着与两位织工接触的深入,他们放弃了与织工简单合作的最初计划,并逐渐形成了为织工女儿设计婚服,与她们共同创作新故事的创意思路。

9 月 15—23 日(除去 17 日上午探访考察朝天宫展览地点;当天下

午和 18 日休息），韦德肖恩继续在宜贡坊为他提供的独立工作室工作，与女织工共同创作；其间还探访了女织工的家，和她们共度中秋。

三、锦绣时光：驻地设计成果评述

1. 设计成果阐述

韦德肖恩向驻地项目的组织方提交了他的设计成果，如图 6 所示：

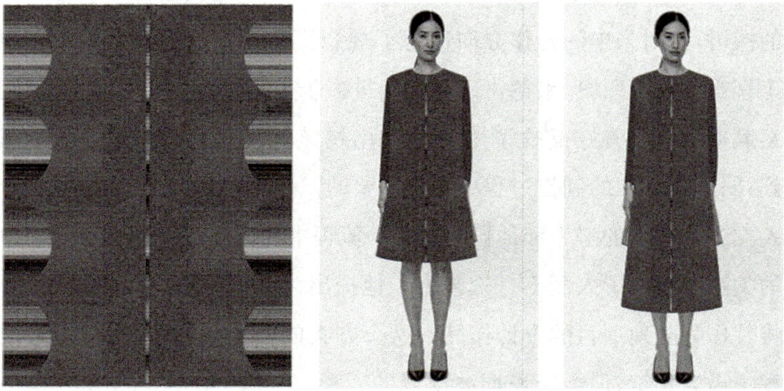

图 6　韦德肖恩驻地项目设计作品

这件作品被命名为"时间云锦"（Weaving Stories），其立意是呈现云锦织锦历史之久。它是韦德肖恩为云锦织工的女儿设计的嫁衣，灵感来自他与两位织工的一次闲谈。在整个驻地过程中，韦德肖恩的关注重点并不在云锦图案或工艺本身，而是两位织工。他希望将织工们的故事注入云锦图样设计，希望织工可以参与到设计过程中。女织工的心愿是一个偶然的发现，但偶然的背后是韦德肖恩和托尼克工作室一贯的宗旨：社会意义是设计的核心问题，通过他们的作品——包括这件嫁衣——他们可以向世人展示，设计可以赋予人们力量，让他们能够在今天的社会寻求公正和平等的地位。

这件中西交融、传统与现代结合的设计作品将图样分为三个层次（图 6）：

首先是中轴线上的若干个圆盘，它们的底纹是一朵朵若隐若现的祥云；使用传统纹样云纹，取自“云锦”之“云”，也取自织工的名字“巧云”之“云”；

第二层是每个圆盘上的十二个刻度，每个刻度下面还有更细致的文字/图案——代表的意义：1. 母亲与女儿的故事，承载了母爱和祝福；2. 以钟表的形式象征云锦织锦的时间之长。

第三层是贯穿若干个圆盘的一条彩色的中轴线，这里采用了云锦工艺中的彩色丝线这个元素，具体颜色的排列在左图中有放大显示，可以看出，在左图的四个圆盘中，每个圆盘的丝线的色调是有差异的，而整条彩色中轴线的色彩渐变是非连续的——代表的意义为四季的更迭、时间的流逝。

整件作品的底色是中国传统中象征喜庆的大红色。在驻地阶段讨论用色时，韦德肖恩希望采用简洁、素雅的颜色，但最终同意织工的选择，这也是他与织工在交流沟通之中共同创作的结果。正如他自己在接受采访时所说的，文化、性别、审美偏好等诸多差异并不构成障碍，而是多方共同寻求社会改变的条件。

2. 设计成果评议

2.1　要点分析

韦德肖恩的设计巧妙地绕开了图案和配色，因而也就回避了基于现代设计的创新与云锦工艺的严格规范之间的矛盾。事实上，这件作品不是从实体的云锦，而是从织锦这个行动和过程生发出来的，而行动和过程所指向的则是“时间”这个抽象概念。

就“时间”概念的视觉传达而言，韦德肖恩采用了钟表这一相对显明的图形象征，又更为隐晦地通过一根贯通线条的色彩渐变来表现时光流逝的动态和节奏，同时寓意工艺传承与更迭的辩证关系。此外，这些视觉元素的组织，也是有讲究的。大胆地采用钟表图形的同时，又以云纹这一传统纹样平衡突兀感；钟表图形和彩色丝线在表意效果上前者直白而后者隐晦，但在视觉呈现上却是前者晦暗而后者鲜亮，也就是说，观者在第一眼看到这条彩色的丝线之后，还要凑近一步，发现圆盘、指针，从而理解“钟表-时间”的象征之后，才有可能解读出彩色丝线的寓意。这是设计师与观者玩的一个看与看见的游戏，也是韦德肖恩所追求的设计的趣味和意味。

时间这个设计理念的形成还源自织工巧云的生命故事。因此，在这件作品中，除了织锦的行动维度和云锦的历史维度，巧云和女儿的亲情构成了时间的代际维度，也就是主题“Weaving Stories”中的“stories”(故事)。不了解韦德肖恩驻地经历的人，并不知道巧云的心愿，然而“母亲为女儿准备嫁衣”这个情节是不同年代、不同文化的人都熟知的，因此，“Weaving Stories”——将故事编织成云锦，把时光和记忆代代传递——这个创意是具备普遍的传播和商业价值的。

2.2 借鉴意义

云锦的创新至少有两大障碍：第一是工艺的高度完善性，第二是用途和受众的狭隘性。云锦是历代丝织工艺之集大成者，到近代式微以前已经形成了完整、严谨的规范，这意味着创新必须另辟蹊径。目前市场上可以看到的所谓的创新作品，仍然没有脱离规范的窠臼，仅仅是简单的图案移植(如云锦领带、云锦服装等)或是主题先行的生硬改造(如云锦画等)；而且由于对现代生活方式和消费者习惯、心理欠缺研究，现代云锦作品大多没有与现实语境形成有机的联系，最多只是被人视为图案美轮美奂、工艺精巧绝伦的装饰。韦德肖恩的设计，未必是对云锦最好的再创造，但它的借鉴意义在于它恢复了这种关系性，或者至少提示了重建关系的某种可能。

云锦受众的狭隘性是与生俱来的，它自诞生起就是皇家贡品，近代的消费者也是非富即贵。针对这个障碍，韦德肖恩进行了两个处理：概念转化以及突出人和故事。第一，将受众对云锦的关注点从“奢华”转向“时间”这一更加中性也更具现代意义的概念，在这件创新的云锦作品面前，观者不再被繁复、工巧所淹没，而是能够走进作品，构建自己的诠释和想象空间。这种简洁带来的丰富可能和参与感，也是韦德肖恩一贯的设计风格。第二，与抽象的概念相对应的，是普通人的日常生活。织工巧云的心愿为古老的工艺注入了新故事，又树立了一个鲜活可感的形象。现代人对云锦久已陌生，当人与物之间的纽带断裂时（因为经济社会背景的变迁），就需要诉诸人与人之间的情感联系，即所谓的讲故事。

诚然，"讲故事"已经变成了一个泛滥的营销工具。但韦德肖恩的这个设计作品至少提示了关键的一点：故事必须是真实的，才能唤起真实的情感。然而，讲谁的什么故事？怎么讲？这并不是韦德肖恩应该回答的问题，而是中国设计教育必须解决的问题。关于这两个难题，韦德肖恩的设计过程为我们的设计教育者提供了两点启发：首先，强调设计的社会价值和设计师的社会责任；其次，注重前期的调研，敢于、善于在前设计阶段投入大量的时间、精力和资源。

设计的灵魂：原创性来自设计师，他/她必须掌握主导权；但设计不同于艺术创作，它不是纯粹的表达、输出，而是一个与人分享、与人言说的过程。设计师在驱动每一次创意、创新的过程中，如何将自己呈现在作品中，以何种程度呈现自己，都需要反复审视原创性和关系性两种诉求之间的平衡。因此，设计师的每一个决断都需要提前考虑各种可能的反应，每一个决断都需要承担责任，这就是设计的社会价值在原子层面的基础。韦德肖恩强调的设计赋权（empowerment）要求特殊的经济、社会和文化条件，但设计的伦理维度是普适的。最后，设计是可以教/学的吗？我们对这个问题感到困惑，很多时候是因为我们将设计狭窄化了。设计不等于创意，创意不等于点子（ideas）。韦德肖恩经历了荷兰设计教育的转型，在平面设计领域，技术-字体、颜色、图形等的重要性已经让位于所谓的视觉交流，也就是报告前文所阐述的"关系性"。早在 20 世纪 80 年代，埃因霍芬设计学院就抛弃了按照工业设计、时尚设计、平面设计等类别分科的方式，现在该校本科阶段的学科类别都是"人与幸福"（Man and Well-being）、"人与身份"（Man and Identity）、"人与流动性"（Man and Mobility）这样宽泛的名词。"设计"不再是一个功能主义的概念，设计本身成为可以被设计的对象。中国的设计教育是否可以参照这样的形式和理念，必须审慎考虑。但倘若仅从结果一端倒推，有一点是明确的：当代设计要抛弃带有明确目的性的问题设定，以探索的兴趣为导向，采用社会学、人类学田野调查的方法采集资料，以跨学科的思路和方法整理和分析，使关键概念或元素在这个相对漫长的过程中慢慢浮现，最后再运用设计的专门技术将其赋形。而设计教育所要做的，是给予学生跨学科的知识、技能储备，培养从协作和责任出发思考问题的能力与习惯。

（南京大学艺术学院）

榫卯的重构与传统手工艺的再生

——走近著名设计师杨明洁的“新手工艺”创作

袁梦倩

一、杨明洁与南京非遗驻地项目

2016 年 8 月，“手艺创承、非遗复兴”国际设计师南京驻地计划拉开帷幕，设计师驻地计划由南京市委宣传部发起，邀请全球 23 名顶尖设计大师和优秀青年设计师代表以“云锦、金箔、榫卯、绒花”四项南京非遗传统工艺为核心设计元素，赴南京进行驻地探访及创作。本项目依托中共南京市委宣传部、南京大学、上海金橄榄文化发展中心共建的“南京创享文化国际交流中心”（在建），以“全球创新创业研究中心”为具体运行实体，采取“校-府-企（NGO）”合作模式向国内外高校、政府和社会机构开放。本次驻地前后邀请了包括国际驻地大师和新锐及先锋青年设计师等 11 个批次的设计师。

驻地项目开展期间，我院负责四项非遗的学术资料与工艺梳理工作，跟踪并及时记录工作日志，面向社会开展国际驻地大师讲座。目前，非遗案例库已采集大量图片、视频、音频、工作日志、非遗文献、口述史、调研报告等资料。

2016 年 9 月初，中国著名工业设计师杨明洁至南京探访榫卯工艺，主要至观朴博物馆参观明式家具中对榫卯结构的使用，并至唐山家具工厂参观家具生产与制作流程。9 月 4 日，杨明洁在南京大学讲座中分享“设计改变社会”的观点，并接受我院吴维忆老师专访。以下报告即基于对杨明洁驻地行程跟踪、口述史访谈和讲座交流等撰写的驻地报告。

二、设计师杨明洁及其设计理念

杨明洁，中国著名工业设计师。在浙大与中国美院完成七年学业后，获德国 WK 基金会全额奖学金赴德留学，获工业设计硕士后，任职于慕尼黑“西门子”设计总部。2005 年，他创办了 YANG DESIGN（杨明洁设计顾问机构），迄今已成为中国领先的产品策略与创新设计顾问机构。2007 年，他创办设计师品牌 Y-town，致力于环保、人文、材料的设计研究与实验，迄今已推出了回收计划系列、纠结系列等实验性作品。2013 年，他在上海创办了中国首家私人工业设计博物馆，收藏了近千件别具一格的传统与当代工业产品，展示了工业设计的历史、现代与未来。2015 年，他开启“新手工艺”项目，创办生活方式品牌“羊舍”，致力于中国传统手工艺的再设计与复兴。他的作品展出于全球各大设计展与博物馆，囊获了包括德国红点奖、iF、日本 G-mark、美国 IDEA、亚洲最具影响力设计银奖在内的几十项设计大奖。杨明洁近二十年在设计界的坚持与卓越表现，也使他成为众多国际顶尖品牌与包括国际绿色和平组织在内的文化公益机构的合作伙伴。从茶具到飞机内舱，从家电到公共设施，他所涉及的领域几乎囊括了整个工业设计链，且均有精彩作品呈现。同时，他也是一位富有情怀的设计师，热心公益，重视设计的社会责任，希望能够用设计让社会生活更美好。

2016 年 9 月 2 日，杨明洁在南京大学艺术研究院（现南京大学艺术学院）的公开讲座以“我们为何设计”为题，这一反思性命题与解析问题的缜密逻辑都彰显了他所师承的德国设计传统的思辨性、系统性与科学性。讲座中，杨明洁对设计的五个层面娓娓道来，结合案例分析指出设计关涉人与物、人与环境等多重关系，包含对用户体验、认同和情感需求的考量以及对环境和自然的责任，因此设计师不仅是工作室内的专业人士，更是广阔社会空间中的行动者，肩负着寻求解决方案和协调不同诉求的使命。

讲座中，杨明洁告诉大家，他坚持的设计哲学就是“创造完美的用户体验”。他一直遵循着他的德国导师迪特·季默(Dietor Zimmer)的教导，即一个优良的产品必须符合五个层面的判断标准——视觉层面、用户层面、生产层面、品牌层面，以及社会层面。具体而言：第一个层面是视觉层面。好的产品应该带给受众愉悦的视觉感受，产品的结构应该清晰明确，并能够引导人正确使用。第二个层面是用户层面，用户层面的考量对于产品的使用具有现实意义，这涉及人机工学的内容，合理的交互界面、产品的安全感、耐用性等都是不可或缺的条件。第三个层面是生产层面，从企业角度出发，这一点亦十分必要，设计师必须在生产成本和制造工艺允许的范围内完成其设计。比如，标准化和模块化的设计准则可以通过拆分便捷产品的运输和储存，同时产品的部件在维修中更便于更换，而不用整体废弃，从而节约生产和使用成本，且更环保节能。第四个层面是品牌层面，这一点在国外成熟的市场环境下尤其明确，设计机构和生产企业都需要认识到相互之间寻找合理的诉求和价值契合点的重要性。第五个层面是社会层面，即强调设计师和生产企业的社会责任，例如倡导环保、节约资源，以及用优良的产品对社会产生正面的启迪，这也是其设计哲学不可或缺的部分。[①]这五个层面的融合，是杨明洁所信奉的设计的理想状态。

杨明洁谨记着导师的教诲：一个设计师不应追求转瞬即逝的东西，而应从物质与精神的双重层面去思考，使自己设计的作品保持一种长久的生命力。“设计能否改变社会?”这是他一直在思考并付诸行动的议题。正如杨明洁所坚信的那样，设计最根本的还是解决人和物、用户

① 李江，黄德荃.创造完美用户体验：YANG DESIGN 的设计哲学[J].装饰，2012(11)：54－55.

和产品之间的关系；如果说艺术满足自我，那么设计必须满足用户。“德国强调知其表更知其理，每一步是如何得来的都要经得起推敲。”一次，杨明洁与西门子总裁布宁根交流，布宁根告诉他，在德国如果说一名产品设计师的作品很艺术化，那多半是贬义。杨明洁一开始不知其意，随着实践的深入，他才体会到，德国设计崇尚外表简约，背后却是紧扣实际、逻辑缜密的思考，所谓美并不是一件设计好的原因，而是自然而然的结果。①

总体而言，杨明洁的设计呈现出一种极简主义的风格，认同“简单到不能再简单”本身就是一个复杂的过程，设计师的智慧就体现在用简单的方式解决复杂的问题。正如他所创立的品牌“羊舍造物”的名称所隐喻的，“羊”是食草动物，性情平和，不贪婪；“舍”代表舍弃。舍弃一些欲望，去繁就简；越是浮躁的时代，这份“极简”越是人们内心深层的渴望。他很欣赏极简主义的康斯坦丁·格里克，认为“好的东西往往是最简单的。未来之路是回归简单，这样才能专注地把事情做到最好”。在杨明洁的世界里，真正好的产品一定是很简单的，但那种简单绝不是偷工减料，而是如同中国画中的写意手法，是一种化繁为简后，寓意无穷的纯粹。②

三、中国传统手工艺的再生：杨明洁的“新手工艺运动”

近几年来，杨明洁一直聚焦中国传统手工艺与现代设计理念与品牌创新体系的融合，希冀为当下的中国社会带来一种更为个性化和高品质的生活美学。面对传统手工艺的濒危，杨明洁认为这是一种社会选择，实用功能丧失是其衰落的关键因素。杨明洁说：“很多人是从精雕细刻的技艺，或者材料本身的价值来欣赏设计的，那是传统手工艺时

① 田甜.为社会而设计[J].中国企业家，2017(1)：85－86.

② Leeble，杨明洁：好设计往往最简单[J].设计，2010(11)：90.

代的审美。现代设计一定要进入人们生活方式,它不是摆着看的。”① 虽然它们已经不适应当下的生活方式,但这些材料、工艺的功能性是可以被创新的。传统手工艺需要在新的文化语境下寻找新的表现形式,创造新的市场需求,适合现代的生活方式和审美观念,才能获得再生。

传统手工艺的发展跟当地的气候、原材料、当地人的生活方式和美学都有关联,不同地区、不同的人即使做同一种东西都会存在着很大的差异。2011 年,杨明洁与马来西亚的手工艺品牌皇家雪兰莪展开合作,设计了一套以锡为主要材料工艺的产品,于是诞生了“知竹常乐”系列茶具。从那时起,杨明洁便开始关注传统手工艺的发展问题。他一方面被传统手工艺承载的美学与文化价值所吸引,另一方面也为中国传统手工艺举步不前的发展现状感到遗憾。自 2014 年起,杨明洁发起了“新手工艺运动”,去了很多地方考察当地的一些传统手工艺以及当地最有特色的一些东西,创作了诸多与之相关的系列作品。在苏州,他和苏州刺绣研究院合作创作了“中国画的三维屏风”。这一创新苏绣的作品是杨明洁团队与苏州艺人亲密接触后的首个作品——船、水、山,三扇绣面错位的独立屏风组合出国画意境,抛开木质传统采用金属边框,则在古朴清雅之中融入了现代元素:“传统苏绣多为具象形态,而杨明洁们的抽象表达给苏绣找到了新的方向。”②

在瑞典,他考察了当地的松木,回国之后以此为材料,创造了“板凳上的风景”系列赤松家具。“板凳上的风景”的灵感来源于每个中国家庭在工作、生活中都会使用的板凳。它非常简洁,只有一个平板和四条腿,却有很多用途,杨明洁说:“可以两个人坐在上面下盘棋;也可以一个人坐着,边上摆杯茶。它是非常生活化的、民间化的一个普通家具,但是却非常具有中国韵味。”考虑到板凳是一件大家每天都会使用的家具,它的结构简单却能实现多重功能,所以,杨明洁考虑以他对融合工

① 田甜.为社会而设计[J].中国企业家,2017(1):84.

② 王克.传统工艺濒危,新手工艺运动能否复兴传统工艺?[J].中国经济周刊,2017(17):75.

艺和创新理念的理解，赋予板凳更多的实用性。“我给板凳加了座椅，可以更加舒服，有靠背，有扶手，然后又加了桌子。它可以变成一个书架，或者衣架；也可以是一个屏风，或是一个小小的茶几，甚至可以改造成小孩子坐的木马。”在瑞典考察学习期间，杨明洁深入了解了瑞典设计，与当地设计师的沟通交流。这也让他更加确信：展现物体原始、本真的美感是设计的主导。对于杨明洁来说，设计实用性可以延伸到有益地球的理念之中。在中国消费者对可持续利用和环保产品的需求逐步增大的背景下，杨明洁认为，“将瑞典赤松与中国近百年来使用的传统硬木相比较，瑞典赤松更符合当代可持续发展社会的需求”。①

在云南腾冲，他与当地一户郑姓的造伞世家合作，以竹伞的结构与工艺为基础创作了“竹之光”系列落地灯。郑家制造油纸伞技艺可追溯至三百多年前，如今当家主人依然遵守祖传的工序，制造的样品与祖辈无异。杨明洁一开始想就地取材，重新设计一把伞，但油纸伞并不具备挡雨优势，在当代该进入博物馆了。他们仔细观察伞骨和缠线的结构，发现如果在其间支一盏灯，不仅实用，还能将这种结构之美更好地呈现。郑家人曾经给杨明洁打电话：“杨老师你们还需要做伞吗？如果不做，我就去城里打工了。”制伞满足不了他的生计。杨明洁回答：“当然做。”他进一步推广“竹之光”落地灯，现在已有很多人家找郑家预订产品。郑家孩子原本不愿跟父亲学手艺，现在他帮父亲开通了微信公众号接收订单。②可以说，杨明洁通过创新的设计，抢救了这一非物质文化遗产，使其重现价值。

但是，当下中国传统手工艺的再生也面临着重重困境，其中最大的问题是传统的材料和工艺没有改进，也没有实现产业化、品牌化。一方面，如果要适应现代生活，传统手工艺有很多流程和标准需要改良。目前文化部在非物质文化遗产方面也有很多深入的研究，他们认为中国

---

① 蒋英成.设计开启可持续生活之二：板凳上的风景[J].家具与室内装饰，2016(4)：38-39.

② 田甜.为社会而设计[J].中国企业家，2017(1)：88.

有很多很优秀的传统工艺，但都需要工艺上的改良。但改良的很多细节都需要现代工艺去发展，而传统的手工艺人又很难做到。另一方面，传统手工艺需要产业化，重塑自身的品牌价值。这不单单是设计师的工作，而是一个系统的产业化的工作。所谓的产业化并非把传统手工艺变成流水线生产，而是说传统工艺的品质还有很大的提升空间。杨明洁说："我们不可能将传统手工艺当作画来欣赏，那样他们的命运只能是属于博物馆。我们应该把传统手工艺应用到生活中，赋予其实用价值，这样才是可持续的传统工艺的使用。"①

此外，在这一传统手工艺再生的过程中，杨明洁还需要协调好两种合作关系：一是设计师与传统手工艺人之间的关系，二是他与其设计团队之间的关系。一方面，在某种工艺具体的制作过程中，杨明洁需要与传统手工艺人的合作。比如就榫卯而言，木匠比他更了解；油纸伞方面，郑师傅也比他更了解。在合作的过程中，双方都会产生很多新的概念。但是，在合作过程中也难免会存在一些不同意见，甚至引发冲突。杨明洁觉得传统手工艺人大多数都会比较顽固，会非常为自己的手艺而骄傲；但很多时候他们的经历或眼界会限制他们的进步，而他和他的设计团队可以通过新的设计理念与方法，看到传统手工艺人看不到的东西，然后去做出改变，这样的改变也会反过来影响这些手工艺人。比如，杨明洁与苏州手工艺人合作完成了"中国画的三维屏风"的项目之后，这些手工艺人已经改变了用红木做屏风的想法，后来他们也推出了一系列产品，明显已经受到了杨明洁团队的影响。这种互动中的互相影响，也是他们合作中非常有意义的事情。

另一方面，任何一件产品都是团队合作的结果，因此团队内部的分工协调也很重要。设计需要前期调研用户、背景调研、设计的定位、设计过程、材料评估等，这些需要一个团队中不同角色和专业的介入，每

① 根据"稀捍行动·南京第一期驻地计划"中，南京大学艺术学院吴维忆老师于2016年9月4日对杨明洁的访谈而整理。

个环节都是多方合作的结果。杨明洁认为，设计本身是一种非常严谨的流程，每个环节都需要很专业的人去应对，这是设计师与艺术家比较大的区别。德国教育对他的影响是非常注重设计的逻辑性，即任何一个产品的设计是层层递进的推理过程，每一步结论的得出都必须有理由。①

总之，杨明洁的"新手工艺"创作是对中国传统手工艺的再发现、再反思、再设计，将传统手工艺嫁接当代的设计理念与方法，让传统手工艺给现代设计以灵魂，让现代设计给传统手工艺以新生，使手工造物的质感以及它的美学与文化价值被更强烈地表达出来。对于传统手工艺与现代设计的结合，杨明洁的着眼点在于材料、结构、体量、形态、新的功能需求等方面；他需要的是在这一系列环节上有所突破的新产品，而不只是单纯形式上的改变。此外，杨明洁非常推崇传统手工艺背后所蕴含的生活态度与方式，即把简单的事情做到极致。在如此浮躁的当下，传统手工艺人的"匠人精神"，越来越弥足珍贵，启迪人心。

四、榫卯的重构：杨明洁"稀捍行动·南京第一期驻地计划"的创作

在本次"稀捍行动·南京第一期驻地计划"中，杨明洁在考察了云锦、金箔、榫卯和绒花等材料后，还是最终选择榫卯作为其创作的材料和灵感来源。2016 年 8 月 31 日，杨明洁参观了南京观朴艺术博物馆。在雷濮伟馆长的陪同下，他仔细观察了各种类型的明式家具和其他木作，多次询问雷馆长设计和工艺的细节。参观过程中，他表达了选择榫卯的初衷是看中了这一传统工艺的功能性和所蕴含的独特的中国智慧。

具体而言，他之所以会选择榫卯，有三点原因：首先，出于他自身产

① 根据"稀捍行动·南京第一期驻地计划"中，南京大学艺术学院吴维忆老师于 2016 年 9 月 4 日对杨明洁的访谈而整理。

品设计职业背景的考虑，他很喜欢榫卯这种三维的构建。其次，他觉得榫卯可以做出尝试的机会很多，可以有很多创新的空间。他之前也有用榫卯设计家具的尝试，但总觉得还有些不够之处。他坦言，他对榫卯很感兴趣，但真的选择榫卯之前还是有一些犹豫，因为榫卯本身在研究、应用方面的设计师已经非常多，他并不确定自己能否做出一个有很大突破的东西，这是一个挑战。但他认为虽然很多人已经在榫卯的应用方面有了很多创新，但他还是有机会去做出一些改变。最后，他认为榫卯本身体现了中国传统工匠独一无二的智慧。榫卯并非诞生于明代，并非随着明式家具的出现而出现；例如，在很早之前，板凳结构就是最简单的榫卯结构。可以说，榫卯是中国独一无二的家具结构、建筑结构的方式。①

在此次驻地计划中，他设计的扶手椅“榫卯的重构”，将传统榫卯工艺重新建构，选用燕尾榫结构巧妙地将不同角度的靠背、座面、扶手斜角拼接为折纸状的整体构架，诞生了一种全新的坐具体验与颠覆传统的视觉语言。他在椅面与靠背上设计了符合人体工学的三维曲面，使人在就座时有良好的体感。同时，在椅子上还可覆盖毛毡、皮革等软垫，实现不同的软硬度；椅腿也可更换木质与金属两种不同的版本。这种微观上的硬朗线条与棱角，以及宏观上的柔和优美的折扇造型，产生一种既和谐又充满张力的美感。由于模块化的设计，椅子还可以实现在材质上的自由组合、不断变化，呈现出一种颇具生长感与未来感的视觉效果。

笔者认为，通过榫卯的重构，杨明洁将传统手工艺与现代设计有机融合，试图在更深层意义上重构产品功能、审美风格、生活方式与文化认同。首先，就产品功能的重构而言，榫卯本身是一种结构，它可能用在灯具、椅子、桌子等诸多家居用品的设计上，是一个具有拓展性的、有

① 根据“稀捍行动·南京第一期驻地计划”中，南京大学艺术学院吴维忆老师于2016年9月4日对杨明洁的访谈而整理。

趣的元素。至今流传下来的榫卯的结构方式，在家具或建筑方面可能很难用数量去统计。目前来说，榫卯已经不单是在木材方面有应用，甚至在金属、亚克力等材料上都有应用，并产生了一些很有意思的变化。也就是说，根据使用者需求，榫卯可以作为一种接合的要件，重新形塑某种功能，创造新的可能性。

其次是审美风格的重构。杨明洁的作品摒弃繁复的审美，通过榫卯的重构，去重塑一种极简主义的审美风格。杨明洁将自己 2017 年的设计关键词概括为“用时间造物”。他反思道：“当我们的生活与工作在如此快节奏的当下，我们已不够时间去思考、去设计，我们失去的是生活的品质与美学。一个国家的设计实力或许并不体现在那些看似喧嚣、浮华、宏大的表面，而是在于这个国家究竟有多少人愿意为了一件单纯而美好的事物坚持几十年甚至几百年，即所谓‘用时间造物’。”①

再次是生活方式的重构。杨明洁通过深入研究榫卯的材料与制作过程，从中挖掘其独特之处，并尝试将其与当下的生活方式关联。他认为，目前在新一轮的工业革命中，人们的生活与工作愈来愈网络化、虚拟化，与此同时对于高品质与真实质感的生活渴望也将越来越强烈。采用民间手工艺与当地材料造物，这样的过程相对于全球化、标准化的工业产品消费是一种更为环保的造物方式，是中国传统审美理想的体现，将引领更高品质的生活方式。这是对陷入困境的全球化问题的反思，也是一种积极的、对社会负责的设计态度，可以使当地的传统手工艺实现可持续的发展。他表示，手工艺人的匠人精神是我们这个浮躁的时代所需要的一种弥足珍贵的精神，这种精神可以贯穿到我们工作和生活的方方面面。②

最后是文化认同的重构。这种文化认同的重构包含两个层面的问题：一方面是重构对设计文化与价值本身的认同。杨明洁认为，“中国

---

① 杨明洁.舍器之形，取物之道，用时间造物[EB/OL].[2017－3－8].http://jiaju.sina.com.cn/news/s/20170308/6245315678191288570.shtml.

② Opal，Yang Design.羊舍造物计划[J].设计，2016(12)：78.

设计发展中存在一个断层，没有形成自己的设计文化。我们可以做一个时间轴进行分析，在一两百年前工业革命开始时我国差不多处于清末，1860年是工业革命的开端，英国人莫里斯为了抵抗第一次工业革命发起了新手工艺运动，而中国开始了洋务运动。在同一个时间轴上，中国和西方所发生的事情是非常不一样的，而西方在工业革命之后诞生了很多新的材料、新的技术，材料的突破导致了新的设计语言，最终形成了一种美学标准，中国却没有经历这一过程"。① 从生产角度来说，也因为这个设计史的断层，中国整个产品设计的工业基础比较薄弱。杨明洁认为，中国设计的发展从农耕文明时代跳过了两次工业革命，直接"跃进"到了第三次工业革命，进入了电子计算机、信息技术直到网络时代，"没有充分发育的产业基础和文化认同，中国设计看上去很快与国际接了轨，却不易沉下心来，静待花开。"事实上，精致的苏绣曾经与爱马仕的皮质马具站在同一条起跑线上，手工制作的奢侈品是这两者共同的身份，但是一旦缺乏有意识的用户需求研究、品牌创设维护以及不断创新与美学实践，那么再精致典雅的物品要么因其稀有被送进博物馆，要么因品质下降沦为"大路货"。②

另一方面是对重构、对中国自身的设计文化与价值的认同。杨明洁认为，中国的设计是全球华人寻找身份认同在文化与设计上的一种体现，也是中国的设计在经历了一个断层后的自觉过程，中国设计的复苏会是一个由表及里，由肤浅的符号转向成熟的内在的渐进过程。③曾经有一位法国记者在采访杨明洁时问到"什么是华人的设计"，杨明洁回答："筷子吧，筷子是可以代表中国的设计的。"相对于西方的刀叉而言，无论从精神层面还是用户层面，筷子都体现了典型的东方哲学思维与生活方式，以不变应万变，用一种工具实现了各种进餐方式。而西方

---

① Opal，Yang Design.羊舍造物计划[J].设计，2016(12)：82－83.

② 李婷.著名工业设计师杨明洁：有断层的中国设计需要文化修复[EB/OL].[2014－4－19].http：//news.2500sz.com/news/szxw/2014－4/19_2330797.shtml.

③ Opal，Yang Design.羊舍造物计划[J].设计，2016(12)：78.

的刀叉则是用不同形式的刀叉解决不同的食物类型，一一对应。东西方不同的思维逻辑在两种不同的餐具上体现得淋漓尽致。[①]

然而，杨明洁反对生硬地用中国传统符号去做装饰，认为需要用更加成熟的方式去表达中国意境，不必刻意表达我们的创作是否“中式”；所谓“本土化设计”应是一个自然的结果，而非将中国元素纯粹地符号化。他一贯坚持设计首要考虑的还是如何创造完美的用户体验，产品能够融入当下人们的生活方式。以中国审美语境的形式呈现是一个自然而然的结果，而非目的；过度的强调这是“中国的设计”，只是民族自卑感或自尊心在设计中的体现，这是处于文化弱势的时候会发出的声音；设计的国家性是存在的，但不该只是表面的装饰符号。[②]对于杨明洁来说，他关注和挖掘的是中国传统手工艺里面真正有价值之处。例如，《板凳上的风景》这部作品，最关键的是板凳本身很棒、很有价值。他说：“一件东西如果流传上千年还有人在用，那它一定是好东西，比如说筷子、板凳。那么这个板凳它的功能很多，可以两个人坐，我只是在这个功能上继续把它完善就可以了，比如可以增加座椅靠背，可以增加桌子，可以增加衣架等。我希望去发现板凳本身结构上的价值，它通过一个很简单的榫卯结构可以实现这么多功能，我们就应该把这种优势发挥出来。但是我并不想把它作为一个符号性的东西来运用。”[③]

具体到此次驻地计划对榫卯的重构，它也在极力避免将“极简”和“中式”过度符号化、消费化。第一，他认为选择榫卯本身就是一种避免，因为榫卯本身就是一个很单纯的结构，并不是类似于某种纹样，不是一种表面化的符号。第二，他认为他的设计作品本身非常排斥采用某种元素，如“中国风”等明显的装饰性的符号。第三，他认为中国传统文化中有很多有价值的元素并不是符号化的，这样非符号化的元素是

---

① 杨明洁.什么是华人的设计？[EB/OL].[2017－3－14].http://www.sohu.com/a/128464727_632641.

② 新手工艺：130 年只专注于一种材料[J].工业设计，2015(4)：63.

③ Opal，Yang Design.羊舍造物计划[J].设计，2016(12)：83.

很值得去寻找的(比如此次“榫卯的重构”扶手椅的折扇造型);他更想去含蓄地传达的是一种人文写意的精神。[①]

总之,杨明洁是一位卓越的设计师,他融合了德国逻辑思维与中国人文精神的设计理念,有着对优良产品敏锐的判断力,对用户需求的洞察力和对产品形态的理解力。他将“创造完美用户体验”的设计哲学贯彻到各处细节,将简洁而富有逻辑的设计进行到底,兼顾视觉、用户、生产、品牌和社会这五个层面的标准,打造优良的工业设计作品。他注重平衡产品的功能性和视觉性之间的关系,他认同形式上的追求不应被符号化或过度消费,而应更多地去探索造物背后的逻辑,研究产品和用户之间的关系,然后用严谨的策略去设计产品。并且,他总是力图在作品中塑造一种“极简主义”的审美风格。然而,这种“极简”背后是千锤百炼的精湛工艺,他和他的团队只有通过不断地试错和调整,才能最终呈现一种恰到好处的“极简”风格。近年来,他对中国设计界最大的贡献在于,他努力挖掘中国传统文化中丰富且独特的材料、工艺、结构,通过新的重构,寻找各种创新的可能性,使新的设计既符合现代人当下的生活方式,也呈现了中国人文与美学价值的精华。

(南京大学艺术学院)

① 根据“稀捍行动·南京第一期驻地计划”中,南京大学艺术学院吴维忆老师于2016年9月4日对杨明洁的访谈而整理。

南京旅游纪念品的困境及其创意突围

——南京地区文创类旅游商品调查报告

朱奕婷　施尚永　李凌峰　李兆玺　陈良多

一、调查对象

南京地区文化创意产品和旅游用途结合成的纪念品销量影响因素及设计发展趋势。

二、调查背景

党的十八大报告中指出，要实施创新驱动发展战略。面对当前复杂的改革环境、艰巨的发展任务，今天的中国比以往任何时候都更加需要创新驱动、创新发展。当前，文化创意产业正繁荣发展，成为推动创新的新兴力量。文化创意产业，是一种在经济全球化背景下产生的以创造力为核心的新兴产业，强调一种主体文化或文化因素依靠个人（团队）通过技术、创意和产业化的方式开发、营销知识产权的行业。文化创意产业主要包括广播影视、动漫、音像、传媒、视觉艺术、表演艺术、工艺与设计、雕塑、环境艺术、广告装潢、服装设计、软件和计算机服务等方面的创意群体。文化创意最核心的东西就是“创造力”。也就是说，文化创意的核心其实就在于人的创造力以及最大限度地发挥人的创造力。

在前期初步考察中，我们意识到江浙地区的古镇建设中旅游商品市场同质化严重，旅游商品的创新潜力亟待挖掘。相比之下，南京夫子庙地区的贡院、魁光阁等主打文创类商品的商家正重点发展。联想到如今正繁荣发展的文化创意产业，我们便想了解文创类旅游商品的发展走向，同时也产生疑惑：南京现在的旅游商品是否满足了消费者的需求？是大众的审美水平和需求在直接影响旅游商品的种类、质量，还是设计方本身的影响更大？为了进一步了解旅游纪念品消费者的购买行为、购买习惯和文创类旅游商品的发展进程及前景，我们设计了本次调研。

三、调查时间

2016年6月1日至2016年7月31日。

四、调查方法

我们首先以南京夫子庙为例进行了市场调查，统计夫子庙地区的纪念品种类、价格，对纪念品商店中的店员、顾客进行采访，以了解文创类旅游商品的比例和大众喜好。

其次，为了进一步印证消费者的喜好和纪念品销售情况，我们以问卷的形式进行了街头拦访和网上问卷调查。我们总共收集到466份有效问卷，因受访人中90后人数超过74%，我们的调查结果将主要反映90后对于旅游商品的消费行为和消费习惯。

从设计师角度，我们先采访了南艺毕业设计展的毕业生，对他们的设计方式做了了解，接着，我们着重采访了设计过夫子庙的文创类旅游商品的久美文化创意设计公司、瀚港文化发展公司，探究旅游商品的设计、生产、销售；并采访了盛世堂文化传媒有限公司、公益组织“稀捍行动”，了解非遗文化与旅游商品的结合产生的传承作用。

五、调查结果

1. 夫子庙市场调查

我们在夫子庙景区内部，沿游客行径路线，观察到有一定规模的旅游商品店铺共六家，其中包括贡院、魁光阁两家商品质量较好、以文创商品为主的商店，两家销售云锦、剪纸、脸谱等民间工艺品的商店，以及两家在各地景区都比较常见的销售材质不能确定的手串、抓痒棒、粗糙的木刻玩具等的商店。

店铺内的顾客的数量以贡院、魁光阁为最多，其他商店的顾客数量大概持平。

1.1 旅游商品类别统计

我们粗略统计了六家商店内的商品，以同款式的商品为一种（如人物不同的各种泥塑则并为一种），并将商品分为文具、装饰（摆件、挂件等）、穿戴、家居、其他五大类进行统计。商品汇总的结果是文具类商品占 25%，装饰类占 32%，穿戴类占 19%，家居类占 17%，其他杂项占 7%（图 1）。

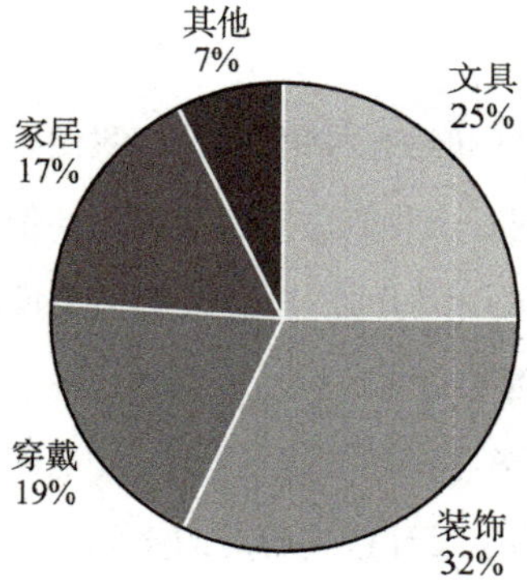

图 1　夫子庙地区旅游商品类别统计 1

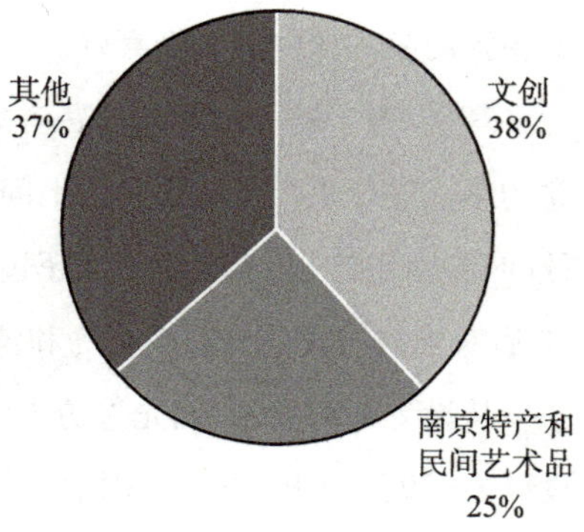

图 2　夫子庙旅游商品类别统计 2

我们将商品分为文创、南京特产和民间艺术品、其他三大类进行了一次统计。文创类产品占38%,南京特产和民间特色占25%,其他占37%(图2)。

1.2 旅游商品价格统计

我们按价格对商品进行了统计,统计结果如下:低价格25元以下的商品占比达40%,100元以下的占81%,可见旅游商品还是以低价格为主。

普通商店中其他类商品较多,物品价格也相对较低;两家文创纪念品商店的文创产品占大多数,但其中也有民间艺术品、特产或仿真品,如钥匙扣、书签等商品,价格普遍比普通商店贵了10到20元。

1.3 旅游商品受众

贡院、魁光阁两家较高质量的纪念品中,创意设计更多用于文具类商品。这类商品的设计受众更多是学生群体,价格普遍高于普通文具,然而学生群体对商品价格的顾虑会更大,因此产生了矛盾。

我们从对店员以及顾客的采访中也得知,顾客会更喜欢外形美观、有特色的商品,也集中在购买冰箱贴、钥匙扣之类价格低廉的商品。贡院中与状元有关有类似美好寓意的商品,会受到家长群体的喜欢。

总之,夫子庙景区旅游商品的价格分布比较好地针对了不同的游客群体,但是夫子庙文化不应仅限于科举主题,文化创意类产品可以更加多元化,创意设计的文具类商品可以通过批量生产降低成本。可以预见,普通的商店中难辨真假的珠宝玉石,质量良莠不齐的日用商品,会随着消费者审美需求的增加逐渐被淘汰。

2. 旅游商品购买行为习惯问卷调查

调研数据来自本小组成员针对466名南京市民及游客的问卷调查。本次调查共收集466份有效问卷,其中90后群体占比74.3%。90后群体中,男性占比40.3%,女性占比59.7%。在所有受访者中,有41.42%的受访者表示根据我们所给定义能够轻松区分普通旅游纪念品与文创纪念品,51.72%的受访者表示说不准是否能够区分。

针对受访者的年龄分布及对文创产品的区分能力，在对第 5、7、10 题的分析中，我们选取了可以轻松区别我们定义的样本，在其他题的分析中，使用了 90 后群体的全部样本，并以非 90 后群体样本作为对照。

2.1 消费者购买行为

2.1.1 普通旅游纪念品难以满足消费者购买需求

就现状而言，南京各大代表景点的普通旅游纪念品明显难以让 90 后满意，除南京博物馆外，对于各景点的旅游纪念品均有半数以上的 90 后表示“没有兴趣”，其中对南京大屠杀遇难同胞纪念馆的纪念品不感兴趣的比例更是达到了七成之多，可见目前南京各景点的旅游纪念品与 90 后的期待之间还是存在着巨大的落差(图 3)。

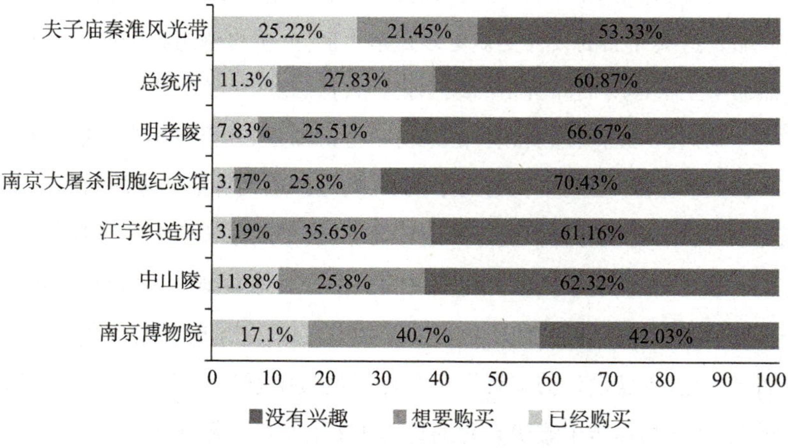

图 3 您在南京是否购买过旅游纪念品？

2.1.2 独特与纪念意义主导 90 后的购买行为

90 后群体在普通纪念品的选择上，更加重视其独特的地方特色与纪念、收藏价值，外观设计的精美也较为重要。相对非 90 后群体而言，90 后的选择中更多看重独特的设计，而更少考虑价格、实用性的影响(图 4)。

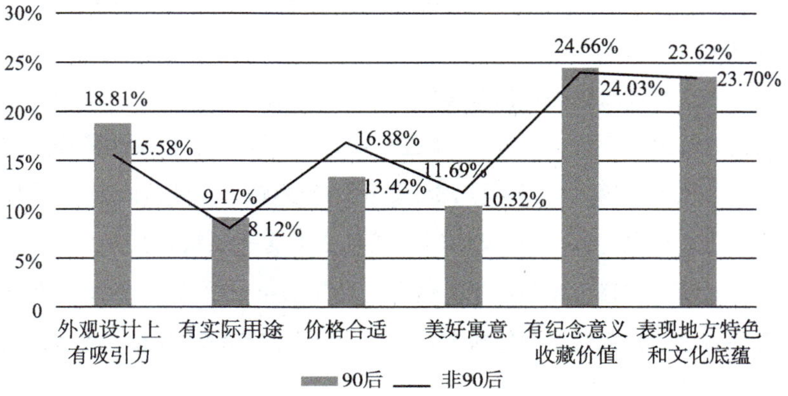

图 4　您想购买的纪念品的原因是什么?

2.1.3　文创类纪念品的选择:文化底蕴做基础,设计独特很重要

90 后在文创类纪念品的选择中,对美观程度、地域特色与创意较为重视,相较于非 90 后而言,90 后对文创类纪念品独特的设计与创意非常重视。同时,各年龄段很少把价格、寓意、实用性等列为文创纪念品最重要的特点(图 5)。可见在文创纪念品的选择中,文化底蕴的展现才是最易打动顾客的,针对 90 后年龄段而言,独特的设计能让优秀的产品锦上添花。

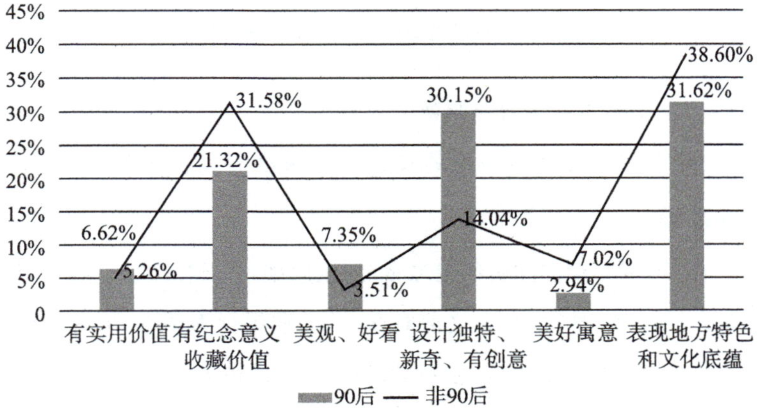

图 5　您觉得作为文创类纪念品以下特点最重要的是什么

2.1.4　传播渠道也要跟上时代：新媒体能有效影响文创产品的传播与销售

对文创类纪念品传播渠道的调查显示，景区现场了解仍然是文创类纪念品最主要的传播方式，从这一数据也可以看出，传统的传播方式（如报刊、电视等）对文创类纪念品起到的作用较小，难以有效针对目标人群进行信息传递，而新媒体的出现改变了这一现状，约 30％的消费者通过新型网络传媒获得了文创类纪念品的第一手资讯，新媒体有针对性、低成本、无时差的传播方式无疑会对文创产品的有效传播起到至关重要的作用（图 6）。

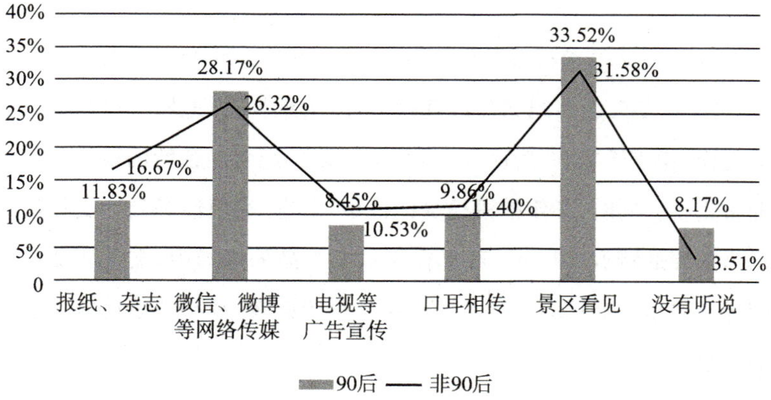

图 6　从哪些渠道听说过文化创意纪念品

2.2　消费者购买习惯调查

2.2.1　“高颜值”：独特的设计感与深厚的文化底蕴成为 90 后审美新潮

在“90 后最倾向购买的纪念品”的投票中，46.67％的 90 后选择了云锦刺绣一项（图 7），结合之前对 90 后的购买行为调查，可见云锦刺绣出于其独有的文化底蕴，独特的设计感，以及精美、百搭的装饰能力，优雅的艺术品位而深得 90 后的欢迎，对于文化韵味与独特设计感的追求是 90 后独特的购买习惯。

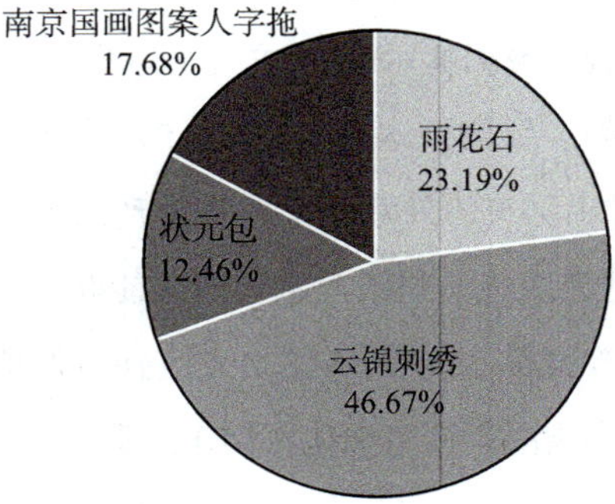

图 7　90 后最倾向购买的纪念品

2.2.2　90 后的"文化观":民间技艺受欢迎,美食文化有受众

对于南京各文化喜爱程度的评分中,90 后对民间技艺情有独钟。相对于非 90 后对文化本真的重视与美好寓意的追求,90 后的购买习惯中依旧显现出了对文化底蕴、美感的偏爱与对设计的重视,而以盐水鸭为代表的南京特色美食在不少 90 后的心中,也作为一门独特的食文化而被认可、接受(图 8)。

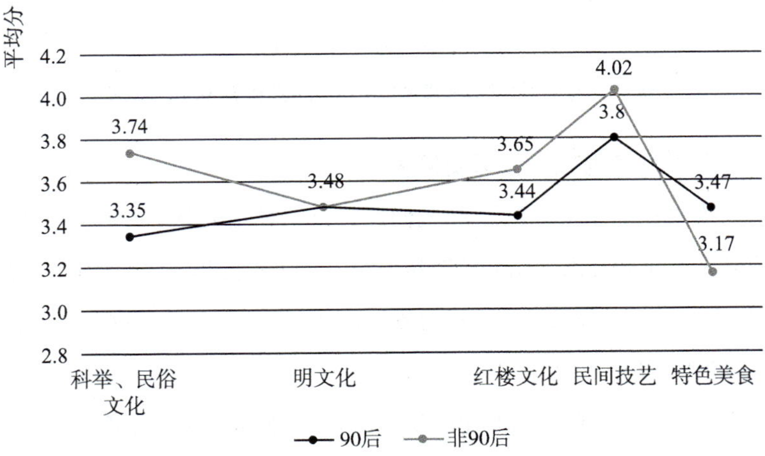

图 8　90 后对于各文化喜欢度的评分

2.3 总结：把握南京文创的未来

对消费者的调查数据显示，保留文化的本质，原汁原味地体现文化本身是人们对文创产品最根本的要求（图 9）。而结合生活实际，让物品美观而实用，做出优美的外观设计将会为产品大大加分。同时结合 90 后的特点，通过新媒体进行产品宣传应该能获得不错的收益。而能否综合考虑性别等因素，对不同的消费者有针对性地进行产品设计与营销也将会成为影响南京特色文化再创作的重要一环。

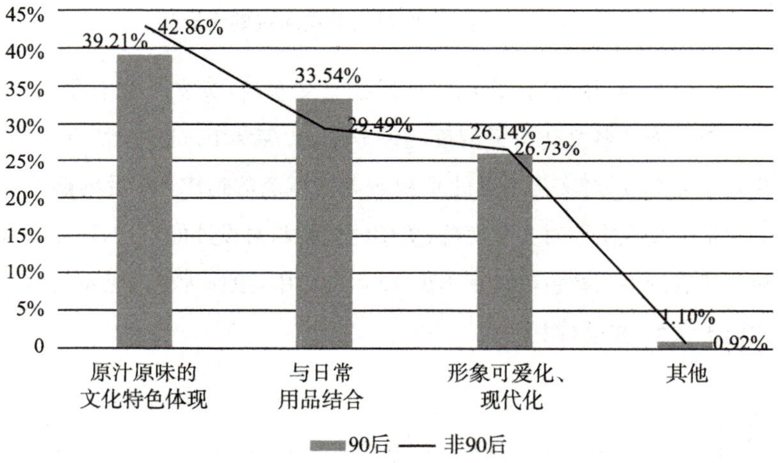

图 9　关于南京特色文化的再创作，您更喜欢的方式是

3. 文创商品设计师深度采访

发放并统计完问卷之后，我们团队分别对几位南京艺术学院艺术专业的学生和几家文化创意产品公司进行了深度访谈，探讨从“作品”到“产品”再到“商品”，文创经历的设计、生产、上市三个过程。

3.1 访谈对象简介

南京艺术学院艺术专业的学生，是南京艺术学院毕业设计展中展品的三位设计者。

按采访时间先后顺序，四家公司分别为：南京久制美品文化创意设计有限公司（以下简称“久美”）、南京瀚港文化艺术发展有限公司（以下简称“瀚港”)、公益项目“稀捍行动”(以下简称“稀捍”)、南京盛世堂文化传媒有限公司(以下简称“盛世堂”)。

前两家公司做的产品集中于一般意义上理解的文创商品，如笔记本、马克杯、香皂等，“久美”以工业品设计为主，旅游商品涉及较少；“瀚港”是南京地区旅游商品的龙头企业，主要设计江苏省内各种特色的旅游商品；后两家公司精于非物质文化遗产的传承再创作，如羌绣、紫砂壶等。

3.2 访谈综合结果

3.2.1 文创商品的定义不只是文化加创意

关于文创产品，综合几位资深设计师的意见，我们得到如下定义：“既包含某种文化的传承，又是能在现代生活中真真切切使用到的符合现代美学的东西。”而旅游商品与文创产品的关系是“含有文化元素的旅游商品属于文创产品”。文创产品不是简单的文化加创意，能否迎合市场、是否有实用价值也是多数设计师提到文创这一概念时的关注点。

3.2.2 产品外观设计直接影响到消费者的购买欲

设计阶段，“瀚港”一针见血地指出，要做受欢迎的旅游商品，首先要做到“轻薄短小”，而文创产品应该“低调实用、为人民服务”，这些是年轻的设计师容易忽视的点。“久美”在设计口袋本的过程中花了大量精力在调研，反复修改口袋本的长宽，然而作为旅游商品销售时，这些细节不被消费者重视，不如简单的 logo 设计增加的销量更多。可见产品外观直接影响到消费者的购买欲。

3.2.3 文创设计让非遗活化

对于非物质文化遗产的再创作设计，在创新的过程中必须保留文化内涵，要让非遗元素与品牌、产品相融合，但不宜在非遗的工艺上做革新。“稀捍”提出“中国匠人对世界认知有限”以致不理解现代审美、“教会徒弟饿死师傅的心态”导致难以大规模传承、“存在需求但缺乏实践”三大困难，但随着越来越多的年轻力量加入非遗的再创作和传承，情况会逐渐改善。

3.2.4 生产成本使文创更昂贵

我们曾以为文创类商品高昂的价格缘于设计成本，然而在实践调查过程中，我们发现生产阶段的影响更大：如果给生产厂家的预订量较少，就不能拿到比较低的生产价格，与一个模板就卖遍全国各地的普通的旅游纪念品竞争起来劣势很大；而如果预订产量较多，就会有较大的资金投入和库存上的压力。对于非遗类的商品，不能机械化量产的手工艺品自然是越精巧、越稀有、越昂贵。

3.2.5 设计水平与大众审美共同提高

市场方面，民众的普遍审美水平仍在提高中，因此对于设计师的一些作品接受能力有限。“盛世堂”认为这是一个共同提高的过程，艺术品引领了大众审美，而审美需求的增加，也在让低档次的工艺品淘汰。“稀捍”在这个过程中寻找到了非遗活化的方式，非遗文化与时尚品牌的结合，甚至让非遗本身成为一种潮流，年轻人在追随这种潮流的过程中学习、宣传。可见，文创类的旅游商品不但具有经济意义，还有文化教育意义。

3.2.6 申请版权是被侵权时的保障

知识产权问题也是文创产品所要面对的一个很大的问题。盗版屡禁不止，因此，即使申请版权需要大量的金钱和精力，设计师也会及时地去申请，作为被侵权时的保障。一位设计公司的受访者提到的办法是“一般会电话联系当事人或公司，首先进行沟通，如能及时更正，则不追究法律责任”。而对于南艺的学生设计者而言，申请版权则非常麻烦，不会考虑。

3.2.7 文创市场有巨大的潜力

对于文创产业的发展前景，受访企业均表示十分乐观。“瀚港”认为“文创产业融合国家战略，是国家重点发展产业”“随着消费能力的提高，五年十年之后产业前景很好”；一位受访者认为“随着 80 后、90 后成为消费大军，他们的消费观念相比于老年人的保守，会更加前卫与开放，对产品的文化内涵与独特性的追求也比较高，所以说目前的文创产品市场应该是一个有持续发展潜力的巨大市场”。

六、总结反思

1. 消费者能接受的旅游商品价位正在提升

市场调查显示，夫子庙地区提供的旅游商品价位：低价格 25 元以下的商品占比达 40%，100 元以下占到 81%。设计师也以“轻薄短小”作为设计旅游商品的理念，做以文具、小饰品为主的纪念品。然而逐渐成为旅游商品主要消费者的 90 后消费者相比非 90 后消费者对于纪念品“价格合适”的在意程度明显降低，对于“设计独特、新奇、有创意”的需求程度极大幅度增加，对文化、审美需求增加的他们愿意花更多的钱在购买自己喜欢的纪念品上。因此，在保持“轻薄短小”理念的同时，文创商品可以随着消费者可接受的旅游商品的价格区间变高，逐步从文具、小装饰衍生到生活用品、衣着穿戴。

2. 旅游商品市场需要更多设计人才的介入

旅游商品购买行为调查显示，就现状而言，南京各大代表景点的普通旅游纪念品明显难以让消费者满意，除南京博物院外，对于各景点的旅游纪念品均有半数以上的 90 后表示“没有兴趣”，目前南京各景点的旅游纪念品与 90 后的期待之间还是存在着巨大的落差。而“已经购买”行为发生最多的景区——夫子庙秦淮风光带，是南京地区文创类旅游商品设计投入最多的景区，可见设计师的独特设计影响到了消费者的购买。然而在类似“久美”的设计公司看来，旅游商品相比工业品，销量较低，受众范围较小，导致设计师在旅游商品上投入的精力相对较小，甚至逐渐退出旅游商品设计。如果退出的设计公司数量增加，南京的旅游商品市场可能重新被类似义乌小商品市场的大批量生产且遍布全国的复制品充斥，失去文化特色。所以，政府应适时介入南京的旅游商品市场，鼓励设计人才培养。

3. 地域文化特色是设计的重中之重

问卷调查结果中，61.37％的消费者没有购买纪念品的原因是觉得“千篇一律、司空见惯”，没有做出有地域文化特色的纪念品是消费者对于现今的旅游商品市场的大多数意见。相比之下，即使对以夫子庙秦淮风光带为代表的科举、民俗文化喜欢程度并不算高的消费者们，在着重开发了“状元”系列旅游商品的夫子庙景区购买过旅游商品的人数也大大高于别的景区。优秀的创意与独特的文化取代那些随处可见的常规旅游纪念品，让每个景点、每片地域都独一无二。为每件文创产品赋予地域特色、文化背景与独特的寓意，这就好比为产品赋予了生命与个性，也完成了作为旅游纪念品根本的任务。年轻的设计师花费大量精力在设计作品的创意上的同时，如果能抓住每个景区的特色文化，开发相关的旅游商品，可能是设计出高质量的旅游商品的一条捷径。

4. 新媒体手段，让好的文创类旅游产品成为宣传热点

约30％的消费者通过新型网络传媒获得了文创类纪念品的第一手资讯，新媒体有针对性、低成本、无时差的传播方式无疑会对文创产品的有效传播起到至关重要的作用。同时，利用新媒体手段，可以让好的文创类旅游产品成为景点的宣传热点，甚至通过文创类的旅游产品来吸引游客，宣传地方文化。“瀚港”设计的“大瓷大杯”陶瓷杯、“知错能改”橡皮擦等牛首山系列文创产品，利用新媒体手段宣传后，牛首山景区的知名度也随之提高。虽然移动营销还是一个新的营销渠道，但在未来的十年里会很快地成为商家连接客户的首要途径。所以要将文创类旅游商品的市场潜力挖掘出来，在新媒体途径宣传上的投入必不可少。

（南京大学）

如何让观众看懂艺术

——上海艺术展览信息认知度调查

高沁云　唐舒展　陈阳阳

黄靖绮　吴佳奕　丁卓文

一、绪论

1. 选题背景

近年来，随着上海在建设国际文化大都市、打造现代公共文化服务体系的道路上不断迈进，越来越多国内外艺术家来沪举办艺术展览，而展览方也在吸引观众走近艺术、感受艺术方面做出了诸多探索，内容更为充实，形式更为丰富多彩。但是与此同时，展览方与观众缺乏沟通，未能及时了解观众对于展览的需求及满意度，而这对于提升办展质量而言恰恰是直接而有效的一环。

2. 调查目的及意义

一直以来，在展览方所要表达的内容与观众想要获得的内容之间存在一种不平衡。展览方辛苦策展，观众却抱怨信息不足、看不懂展览。那么展览方是如何传达信息与想法，观众又是如何了解与反馈的呢？如何解决二者间信息交流的不对等呢？如何才能让观众看懂艺术呢？我们希望就这些问题找到答案。

我们的实践在考察展览方对展览的宣传、对展品的介绍的基础上，尝试搭建起观众调查的框架，使策展人得以了解观众的观展意图与体验，以及观众的艺术素养，从而更高效且有针对性地提升办展质量。

我们的实践作为艺术展览观众调查领域的一次尝试，希望引起更多艺术展览对这方面的关注，搭建起与观众更好的沟通桥梁，帮助他们看懂艺术。

3. 调查思路

而今，国内着眼于观众调查与展览评估的研究大多限于博物馆陈列展览领域，几乎没有针对艺术展览这一特定性质展览的信息认知度调查。① 因此我们借鉴上海自然博物馆较为成熟的观众调查体系，结合艺术展览的专业知识，搭建艺术展览信息认知度的调查框架。并且结合 2 个艺术展览对调查框架进行调试与实践，探索框架的合理性与可行性。

二、实践过程

1. 前期准备

1.1　实地考察

尽管策展方负责在策展过程中搭建起观众与展品之间的桥梁，帮助观众更深入地理解展品的含义，但展览的内容本身所具有的特点也

---

① 改革开放后，西方博物馆有关观众调查的方法与成果逐渐被介绍到中国内地，促使国内一些研究者对博物馆观众开始进行调查，而研究的对象通常为博物馆中的陈列展。例如，《中国博物馆》期刊曾刊载多篇陈列展览的观众评估研究[如：韦玲《试论博物馆陈列展览评估体系的构建》(2015 年第 03 期)、郭文钠《将观众观展体验纳入陈列展览的评估体系——以广东省博物馆历代端砚艺术展览观众调查为例》(2012 年 02 期)等]。而上海自然博物馆则多次开展针对馆内陈列展的观众调查：韩俊杰《上海自然博物馆"生存策略"主题区展示效果分析》(2016)；靳亚丽、何娅《上海自然博物馆原创性展览"大地巨子"展示效果研究》(2016)。但是针对艺术展这一特定性质展览的观众调查则寥寥无几。

在一定程度上影响着观众对展览信息的认知度:例如展览的类型、形式、所需的背景知识和鉴赏力等,也就是常说的“看展门槛”。

鉴于此,我们选择了上海博物馆、中华艺术宫、上海民生现代美术馆中的七个包罗古今中外、类型迥异的展览(“大英博物馆百物展:浓缩的世界史”“茜茜公主与匈牙利”“遗我双鲤鱼——上海博物馆藏明代吴门书画家书札精品展”“无形·希声——中华艺术宫馆藏李青萍作品展”“中华艺术宫藏皮影艺术展”“海上生明月——上海美术百年”“透明的声音”)进行实地考察,保证调查数据的多样性。具体考察内容包括:记录观展体验、发现观展时出现的问题及搜集各个展览的新媒体宣传资料。以此,在确保调查数据解释力的同时,了解展览中可能存在的问题,以及展览方新媒体宣传的方式,为制作调查问卷及采访展览方做准备。

1.2 展览实地考察问题点汇总

我们在实地考察中发现,以下内容可能影响观众的观展体验:

观展前:新媒体宣传的丰富度、购票方式的便捷度、展览入口引导标识的清晰度、排队体验的良好程度。

观展中:参观路线的清晰度、展品导览与现场文字介绍的清晰度、丰富度、现场秩序的良好程度、展品和展馆基础设施运行的良好程度。

观展后:(官方新媒体渠道)更多展览相关信息获取的难易度及其内容与形式的丰富度、观展反馈渠道获取的难易度。

1.3 讨论确定调查对象

在对每个展览的考察情况进行讨论后,我们基于展期、展览规模、展览形式等因素,决定选择上海博物馆的“遗我双鲤鱼——上海博物馆藏明代吴门书画家书札精品展”和中华艺术宫的“海上生明月——上海美术百年”展览的二号展厅作为深入调查的对象。

1.4 自然博物馆访谈

8 月 12 日我们来到上海自然博物馆学习借鉴观众调查的方法。

在自然博物馆朱峤老师的带领下，我们先参观了各个展厅，熟悉了大致路线和主要展品，随后前往会议室进一步访谈。访谈结束后，我们在自然博物馆的"生命长河"展区亲身体验了馆方的跟踪观察调查法，测试馆方调查表的实用程度，为自行设计调查表提供经验参考。

在与上海自然博物馆朱峤老师的访谈中我们了解到，上海自然博物馆 2015 年时已经在做展览评估方面的工作，尝试过诸多方法来了解观众的观展感受，如访谈、跟踪观察、问卷、电话回访等等，目前仍然处于探索阶段。

这次自然博物馆方面与我们分享的是今年七月份进行的展览评估培训中所运用到的考察模板。考察以单个展区为范围，亲子家庭为对象，跟踪观察辅以采访为方式。考察内容上，主要有三个变量：用时、对话、行为。记录形式上分两类，表格记录法和平面图记录法，并且辅之以持续性记录和对区域的热度判断。

我们就模板各部分内容进行了深入讨论，探讨其在具体调查时的效用，以作为我们之后的调查体系设计的参考。

2. 深入调查

在上海自然博物馆跟踪观察调查表的基础上，经过讨论与修改，我们自行设计了适用于上海博物馆"遗我双鲤鱼——上海博物馆藏明代吴门书画家书札精品展"的调查表与调查问卷。8 月 18 日我们前往上海博物馆开展调查。我们首先采访了本次展览的策展人，了解策展的经过与展览的特色。随后，组员们分头进行跟踪观察与问卷调查。

在上海博物馆的调查后，我们及时讨论反馈调查经验，修改设计出适用于中华艺术宫"海上生明月——上海美术百年"展览的调查表与问卷。8 月 20 日，我们便来到中华艺术宫对"海上生明月——上海美术百年"展览的二号展厅开展调查。

三、调查结果分析

1.“遗我双鲤鱼——上海博物馆藏明代吴门书画家书札精品展”调查

1.1 展览概况

上海博物馆藏“遗我双鲤鱼——明代吴门书画家书札精品展”遴选出馆藏明代著名书画家书札精品49通，分为“世俗生活”与“艺术世界”两部分，在整理研究的基础上，系统地展出明代吴门书画家的书札，具有历史与艺术的双重价值。

展厅为扇形结构，分为左右“世俗生活”和“艺术世界”两条动线。展厅中心位置有“吴门关系图”，每幅展品下附有人物简介、白话文解释和二维码(可直接进入微信页面听语音导览和阅读原文)，展品数量适中、类别丰富，不仅有文徵明、唐寅等广为人知的书画大家的书札，更有不少引人注目的精品小札。展览前言及说明牌文字相对简单易懂，白话文解释部分更为新颖之举，能够满足不同观众的兴趣需求。

另外，展览方还运用新媒体平台，如官网、微信公众号、“吴门里的书札”App对展览进行深入的宣传介绍。

1.2 策展人采访

我们为深入了解策展经过、展览特色与展览现状等，对本次展览的策展人龚辛进行了采访。

龚辛老师告诉我们，整个展览从洽谈到完成经历了两到三年的时间，而策展存在着不小的阻力。一方面，因为这个展览属于在上海博物馆自己的藏品中策展，是根据各个研究部门提出的要求来做的，而这些部门的人员没有博物馆学概念，只考虑学术，不考虑观众，所以策展人员在策展中存在着较大的阻力。这次是正好遇到一个年轻的研究员，所以在商讨之后很多方面都有了突破，比如白话文介绍，其实是做了很大努力的结果。另一方面，资金也是问题，这导致了这个展厅格局不能动，而这个格局已经沿用了三个展览了。

在谈到展览特色时，龚辛老师特别指出，这个展览的前言还有说明牌文字都简洁易懂，虽然同样是和专业部门合作的，但更加贴近观众，而不仅仅是注重学术。比如以往做类似的展览一般会直接写出对应的字，但这次用了白话的释文，有趣易懂。而且设计师运用了竖排文字，也契合书信本身竖排文字的排布。在展览内容方面，世俗生活部分的展品体现了文人生活的一面，让观众觉得很不同、很有趣。同时这个展览在历史、艺术方面具有多重价值，可以满足不同人群的观展需求。而线上介绍解说则主要由教育部制作，他们虽然也做了App但是发现微信公众号可以集成更多东西，所以这次直接在微信中设置了导览，方便观众。

在展品选择方面，她谈到展览只展出了部分作品，一是考虑到观众的观展体验，因为书信都是文字，介绍也都是文字，担心展览现场文字会太多；二是因为发现展品本身存在真伪问题，所以撤去了一部分展品。而展览的图录中则收录有全部的馆藏作品。

在展览布局上，因为展厅较小，所以只分了两部分。同时由于世俗生活和艺术生活是并列的，所以不分前后。而在展厅中间部分放的是世俗生活与艺术生活交界的部分：文人之间互相请客的往来信札。而在观展路线上，由于这个展厅一直存在观众反着走的问题，所以这次特别设计成“自由行”，观众怎么走都可以。

在观众反馈的收集方面，她谈到其实每个临展都有观众调查，但是在调查方法与数据分析上都不是非常严谨，对展览质量的提升没有切实的帮助。

1.3 问卷与调查表设计

1.3.1 调查问卷设计

我们希望通过调查问卷了解观众观展目的、展览方宣传效果、观众观展满意度，以及观众对展览信息的接收度。为此，我们结合展览实地考察问题点汇总，和前期考察中所搜集到展览信息，从观展前、观展中、观展后三个角度设计调查问卷。问题涵盖：观展前了解展览的渠道，观展中对展览各个部分的满意度、使用展品导览的情况和观展后对展览的印象。

我们使用“问卷星”平台制作调查问卷，安排调查员在展览出口处随机邀请观众填写调查问卷。

1.3.2 跟踪观察表设计

我们借鉴了上海自然博物馆观众调查中的跟踪观察法，通过跟踪记录观众的观展时长、动线（观展路线）及行为来了解观众实际观展的情况。在观察表的记录形式上，我们采用打钩为主（3 秒以上视为行为发生）、文字为辅的方式，方便记录与统计，并附有展厅的平面图，方便记录动线（观察表主要部分如下表所示）。

展厅布局跟踪图

记录人：

进入时间：时　分　秒	性别：	□男　□女
退出时间：时　分　秒	年龄段：	□幼儿　□儿童　□少年　□青年 □中年　□老年
参观用时：时　分　秒	群体类别：	□家庭　□个人　□成人群体　□团体

请在图中标明观众进入展厅后的参观方向

行为记录表

序号	展项名称	看展品	拍照	看现场文字介绍	扫码看介绍	听语音导览机	看“书札里的吴门”App	其他（与同伴交流、查资料。……）
		3 秒以上视为行为发生，✓即可						文字记录

1.4 结果分析

1.4.1 调查问卷结果分析

本次问卷调查共收到 40 份有效答卷。

(1) 观众基本情况

如图 1 所示，在性别比例上，女性居多；如图 2 所示，在年龄分布上，各个年龄层的观众均有涉及，青年居多；如图 3 所示，在地域分布上，外地游客居多；如图 4 所示，从观众的社会身份来看，以在读学生和在职人员为主。

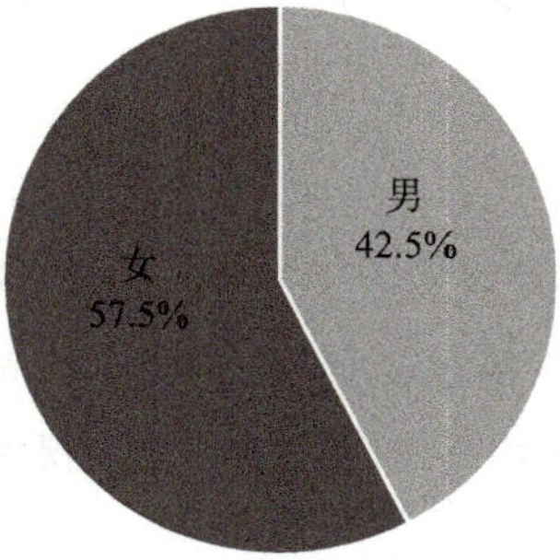

图 1 观众性别分布

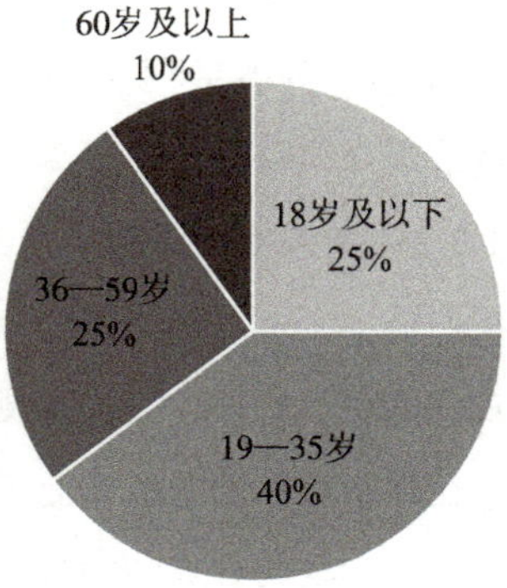

图 2 观众年龄分布

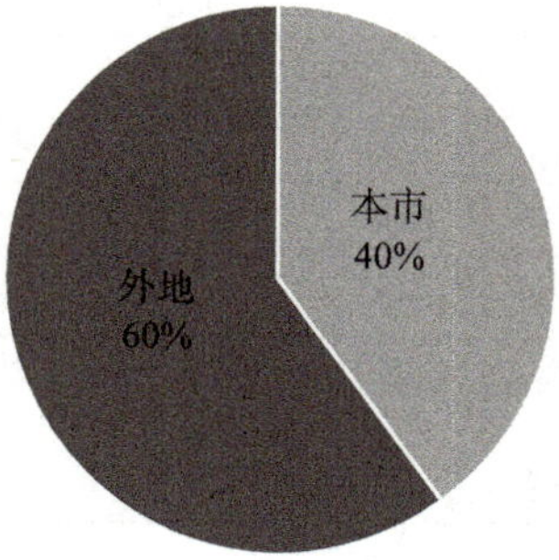

图 3 观众地域分布

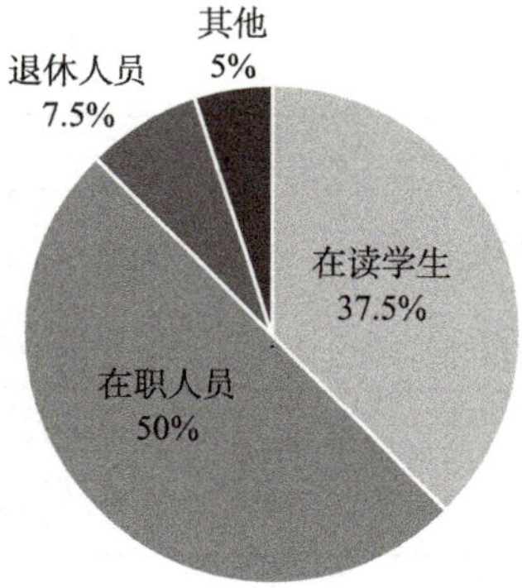

图 4 观众社会身份

（2）观众观展目的与展览方宣传效果

如图 5 所示，从观众获知展览的途径来看，大部分观众是在获得一些展览的讯息后前来观展的，小部分观众仅仅是在游览上海博物馆时路过此展览（据调查人员反馈，这部分观众的选择是“其他”）。而从观众获得此展览讯息的渠道来看，以官方的新媒体平台为主，可见展览方自身的宣传有一定成效；而他人推荐也占较大的比例，可见展览本身的质量也比较令人满意。如图 6 所示，大部分观众在观展前并未详细了解过这一展览。而如图 7 所示，详细了解过展览的观众大多是从微信公众号中获取的信息。

(3) 观众观展满意度

首先，如图 8 所示，大部分观众在观展过程中并未使用展览方提供的导览工具，而使用导览的观众以微信导览为主。使用了馆方语音导览机的小部分观众对导览表示很满意；而使用了微信导览的观众，如图 9 所示，大部分表示非常满意，但小部分选择了较满意或不满意。

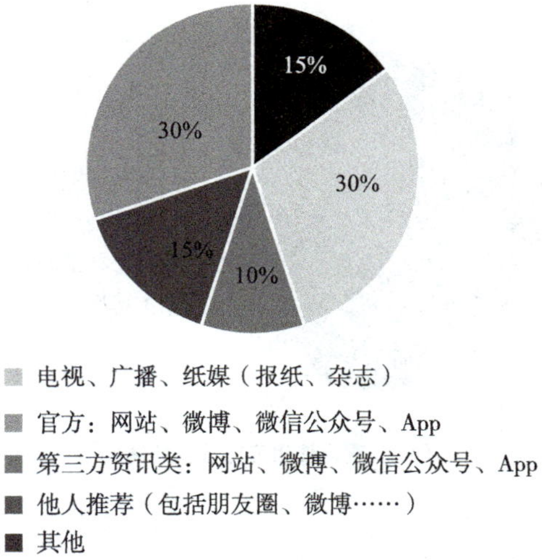

图 5　观众获知展览的途径

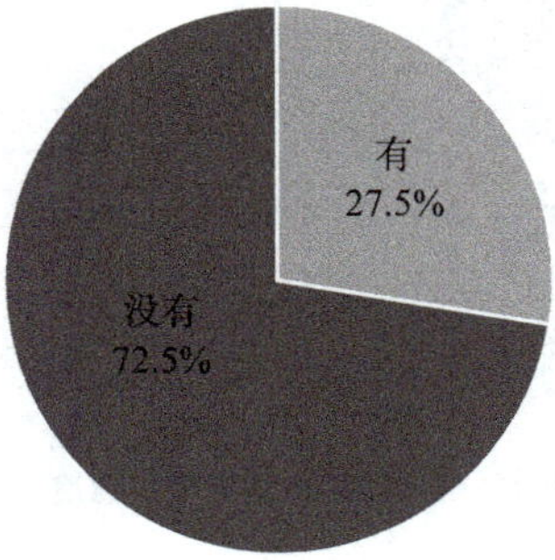

图 6　观众观展前对展览的详细了解情况

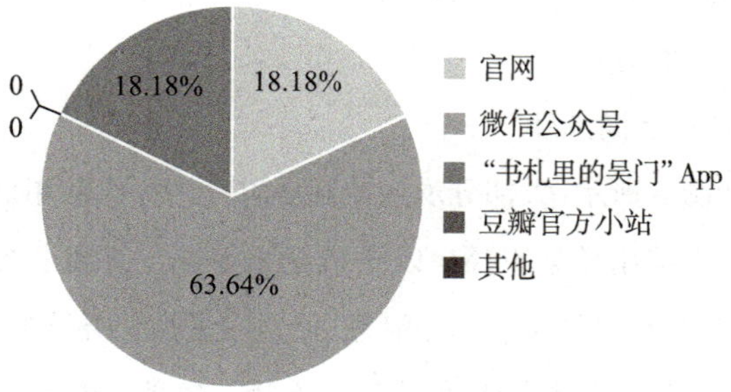

图 7　观众观展前详细了解展览的渠道

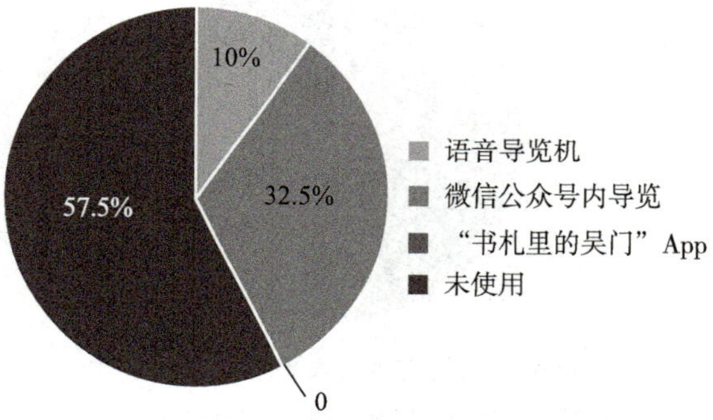

图 8　观众使用官方导览的情况

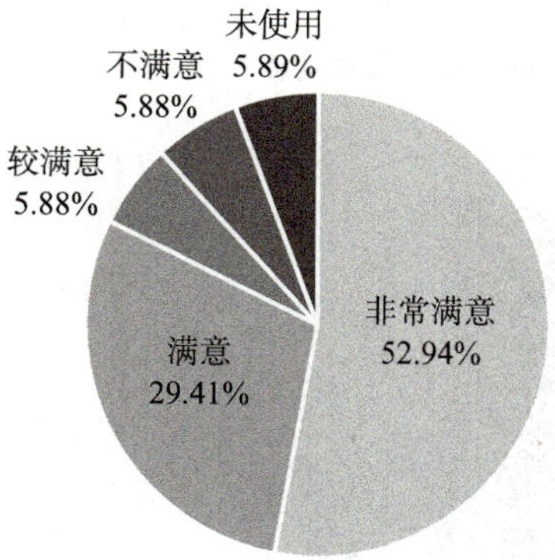

图 9　观众对微信导览的满意度

在展览现场的文字介绍方面，如图 10 所示，观众均表示满意。在观览路线的清晰度方面，如图 11 所示，虽然大部分观众认为清晰，但有少部分观众认为不够清晰。

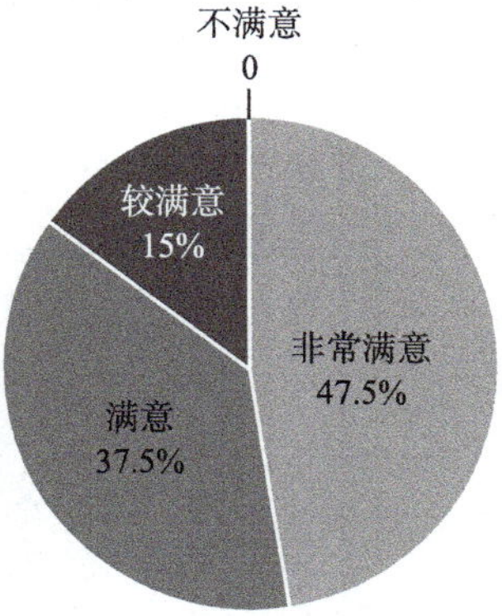

图 10　展览现场文字介绍满意度

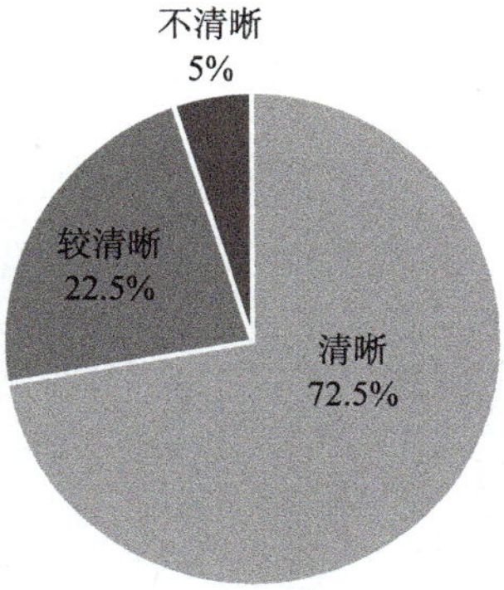

图 11　观展路线清晰度的满意度

观展秩序方面，如图 12 所示，大部分观众表示满意，但也有少部分观众表示不满意。

而基于展览方就这个展览推出的 App“书札里的吴门”，我们对此也进行了了解度调查。如图 13 所示，虽然在展览的出口（同时也是入口）处专门贴有这个 App 下载二维码，但大部分观众还是表示不了解，仅有极少数观众已经下载使用，这部分观众对于 App 表示非常满意。而听说过的观众中也有部分对调查员表示之后会下载使用。

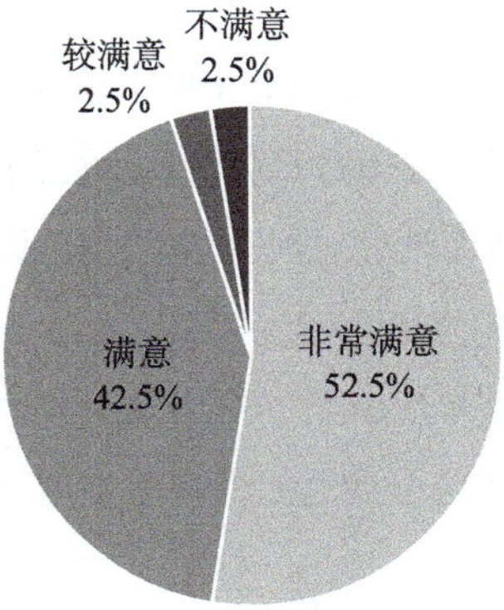

图 12　观展秩序满意度

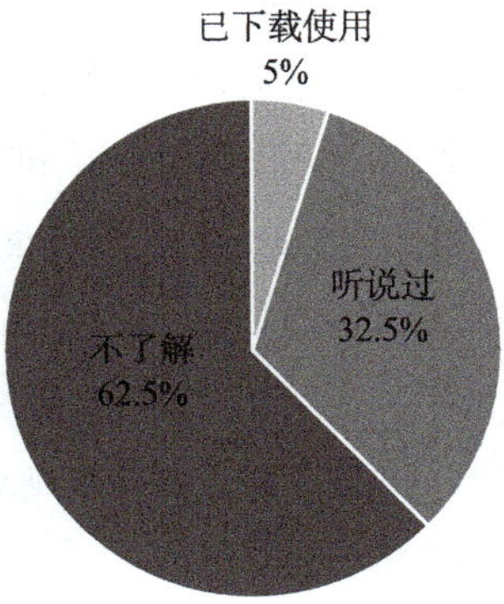

图 13　“书札里的吴门”App 了解度

在观展后，如图 14、15 所示，大部分观众都觉得对展览内容增加了认识或产生了兴趣，并且还会继续关注有关这个展览的介绍或讯息。

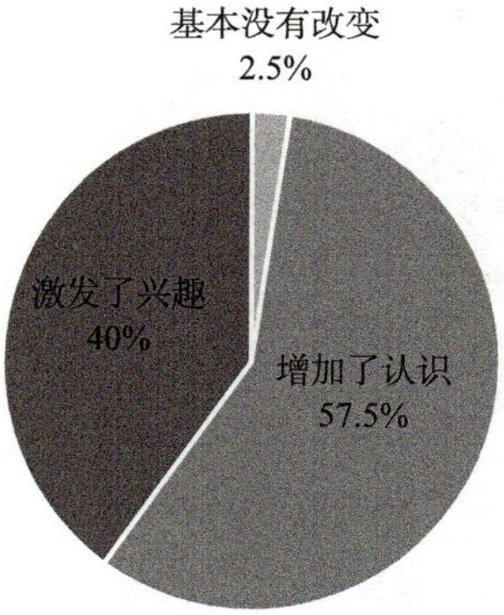

图 14　参观前后观众对相关知识的认识

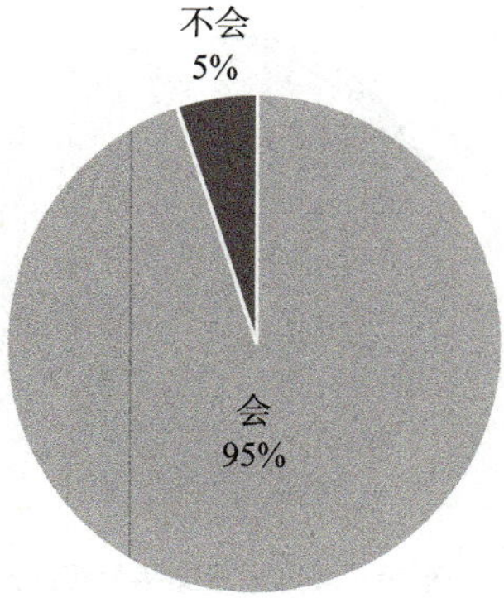

图 15　观展后是否还会继续关注这个展览

在对展览的建议方面，有 13 名观众提出了他们宝贵的建议。其中有 3 条是关于希望能多欣赏到一些展品或类似的展览；有 2 条是关于希望多一些语音介绍（最好每件作品都有）；有 2 条是关于希望介绍更加详尽，还提到可以“增加一些影像，介绍背景历史知识”；有 2 条是关于希望在说明牌上也增加作品原文；有 2 条是关于观展路线，希望可以更加明确；还有 2 条则是关于建议博物馆方面可以增加休息区域。

（4）观众对展览信息的接收度

我们设置了两道开放性问题：“您对于整个展览中印象最深的一件作品或者一个知识点是什么”和“观展后，您有什么体会”。通过分析观众们的答案与展览内容的契合度，来判断他们对展览信息的接收度。

共 29 位观众回答了第一题，共 32 位观众回答了第二题。在这所有 61 个答案中，有 87％左右的答案具体地谈到了对展览内容的印象和感受，不过我们也发现有个别观众将这个展览的内容与上海博物馆中其他展览的内容弄混。

1.4.2　跟踪观察结果分析

本次共跟踪观察观众 48 名。

(1) 观众基本情况

如图 16 所示，在性别比例上，女性占有较高的比例；如图 17 所示，在年龄分布上，中青年居多；如图 18 所示，在群体类别上，家庭、个人观众都占有很高的比例。

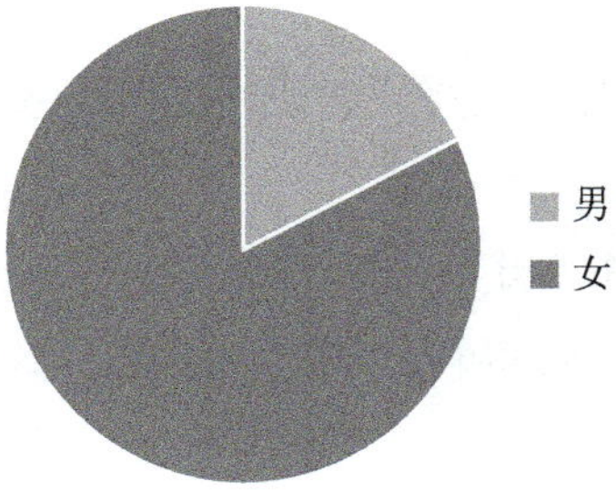

图 16　性别比例

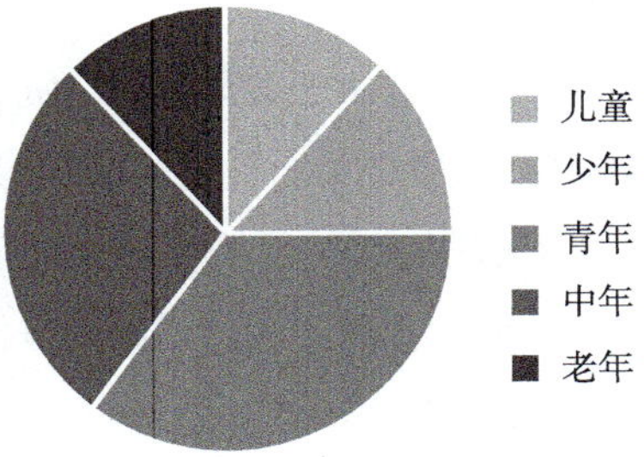

图 17　观众年龄段分布

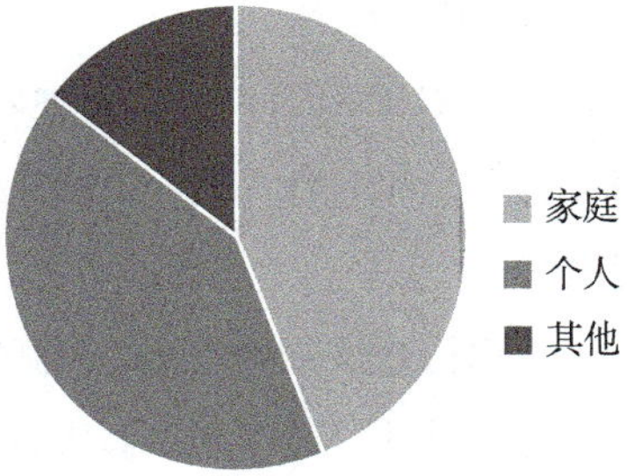

图 18　群体类别

(2) 参观用时

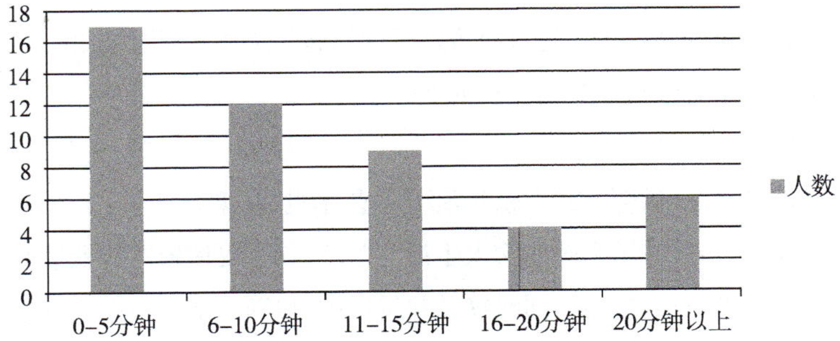

图 19　参观用时

(3) 观众行为汇总分析

前言部分：大多数人认真阅读，有拍照者，少部分人看完展览后再阅读。

动线：有 11 组观众选择了展品 301 开始的动线，占调查数量的 22.91％。

观察过程：由于书画展的性质本身具有一定的参观门槛，因此参观群体表现大致分为 3 种类型(图 19)：

走马观花型：这一类型参观时间主要分布在 0—5 分钟，主要表现为阅读前言、拍照、大致浏览，对知名人物如唐寅、文徵明有关作品较感兴趣并拍照留念。

教育目的型：这一类型主要为亲子家庭，对展览的浏览时间视孩子年龄和兴趣决定。大致分布在中部时间段。有几组进行扫码阅读。有几组仅关注了书法方面的相关内容。

书法爱好者型：这一类型参观时间在 15 分钟以上，包括 30—60 分钟的三组，主要表现为每个展品必看，细读，拍照并扫码阅读详细内容。

1.4.3 总结与讨论

“遗我双鲤鱼——上海博物馆藏明代吴门书画家书札精品展”作为上海博物馆的临时展览，展品从馆藏作品中遴选而出，在研究的基础上进行展示，不同于一般的艺术展览，因此在展品介绍上比较有的放矢，也更容易做精做细。

从策展人采访、调查问卷及跟踪观察的结果来看，这个展览在前期的宣传、现场的运行，以及更深入的展品介绍上都有着不错的表现，在各个方面都反映出了展览方对观众观展体验的关注。不过还是有一些细节问题有待改进。具体分析如下：

(1) 展示内容

此次展览内容分为“世俗生活”与“艺术世界”两部分，内容几乎无所不包，直接反映了当时的文人生活与艺坛风尚，更体现了作者最原始的书写习惯与书法面貌，同时展品数量适中、类别丰富。问卷调查结果显示，大部分观众被展览宣传吸引或因他人推荐前来观展，并且能够具体描述展览中印象较为深刻的展品，更有不少观众希望继续深入了解，以及看到更多类似的展览与展品。而从跟踪观察的结果来看，展览也满足了不同观众的观展需求。总的来说，展览在内容上令人满意。

(2) 展示形式

展厅中心位置设有“吴门关系图”，每幅展品下附有人物简介、白话文解释和二维码(可直接进入微信页面听语音导览和阅读原文)。展览前言及说明牌文字简单易懂。参观指南设计精美、内容详尽。新媒体平台如官网、微信公众号、“吴门里的书札”App，对此次展览也有深入介绍。问卷调查结果显示：大部分观众对馆方的导览与展品介绍满意。

(3) 现场运行

展厅为扇形结构，特别设计为左右“世俗生活”和“艺术世界”两条并行动线，但由于并未对这一点进行说明，反而影响了路线清晰程度。展览进门处宣传手册和电子屏幕缺失，也没有说明语音导览与原文位置(线上)，导致有些观众未能及时得到这方面信息。展厅信号问题导致扫描二维码后加载介绍页面缓慢，使部分观众失去耐心。此类细节问题仍需改进。

2. 中华艺术宫“海上生明月——上海美术百年”二号展厅调查

2.1 展览概况

《海上生明月——上海美术百年》为中华艺术宫常设展览，以近代上海画坛名家作品为主要内容，分为海上墨林、摩登时代、激情岁月三个展厅，以求新求变为特征线索，从上海美术的百年历史看中国美术的现代化进程。

其中，二号展厅“摩登时代”着眼20世纪20年代，通过40幅画作，体现出西洋画逐渐“本土化”的进程，与中国文化相互交融，不仅如此，这些摩登画作开风气之先，推动了中国美术新生态的构建。该馆共有四个单元：西洋画运动、金声玉振、都市商业美术、为人生而艺术，画作种类不一，主题多样，既有反映时代烙印的重印照片，也有非常抽象的现代油画，对上海美术的时代变迁做了全面而多样的展示。二号展厅为长廊结构，根据不同单元设有不同房间，墙壁四周均挂有画作，在不同房间内，观众可以自由选择参观顺序，总体上仅有一条动线。画作旁附有作品作者名称、作品大小及类别和作品来源。有 4 幅作品附有微信二维码，以供观众扫码阅读展品介绍。

另外，展览方还运用新媒体平台，如官网、官方微博、微信公众号、官方 App“中华艺术宫”对展览进行深入的宣传介绍。

2.2 问卷与调查表设计

2.2.1 调查问卷设计

调查问卷在“遗我双鲤鱼——上海博物馆藏明代吴门书画家书札精品展”调查问卷的基础上进行了微调。一方面结合展览本身的信息，另一方面结合上一次的调查经验——应一些受访观众的建议，将“观展前后您对于展览内容的认识”一题由单选改为多选，以得出更准确的数据。

2.2.2 跟踪观察表设计

基于上一次的调查与数据统计经验，我们认为观察内容对于调查有利，但是数据统计仍有一些麻烦。因此在不改变观察内容的前提下，我们设计了另外一种记录形式的观察表：以画正字为主，文字记录为辅，以使数据统计更为便捷。（观察表主要部分如下表所示）

行为记录表

记录人：

<table>
<tr><td rowspan="2">性别</td><td>男</td><td></td><td></td><td></td><td></td><td></td><td></td><td rowspan="6">年龄段</td><td>幼儿</td><td></td><td></td><td></td><td></td><td></td></tr>
<tr><td>女</td><td></td><td></td><td></td><td></td><td></td><td></td><td>儿童</td><td></td><td></td><td></td><td></td><td></td></tr>
<tr><td rowspan="4">群体类别</td><td>家庭</td><td></td><td></td><td></td><td></td><td></td><td></td><td>少年</td><td></td><td></td><td></td><td></td><td></td></tr>
<tr><td>个人</td><td></td><td></td><td></td><td></td><td></td><td></td><td>青年</td><td></td><td></td><td></td><td></td><td></td></tr>
<tr><td>成人群体</td><td></td><td></td><td></td><td></td><td></td><td></td><td>中年</td><td></td><td></td><td></td><td></td><td></td></tr>
<tr><td>团体</td><td></td><td></td><td></td><td></td><td></td><td></td><td>老年</td><td></td><td></td><td></td><td></td><td></td></tr>
<tr><td rowspan="4">时间</td><td></td><td colspan="2"></td><td colspan="2"></td><td colspan="2"></td><td colspan="2"></td><td colspan="2"></td><td colspan="2"></td><td></td></tr>
<tr><td></td><td colspan="2"></td><td colspan="2"></td><td colspan="2"></td><td colspan="2"></td><td colspan="2"></td><td colspan="2"></td><td></td></tr>
<tr><td></td><td colspan="2"></td><td colspan="2"></td><td colspan="2"></td><td colspan="2"></td><td colspan="2"></td><td colspan="2"></td><td></td></tr>
<tr><td colspan="14"></td></tr>
</table>

3 秒以上视为行为发生(画正字)

<table>
<tr><td colspan="2">展项名称</td><td colspan="11"></td></tr>
<tr><td rowspan="5">观众行为</td><td>看展品</td><td></td><td></td><td></td><td></td><td></td><td>听导览机</td><td></td><td></td><td></td><td></td><td></td></tr>
<tr><td>拍照</td><td></td><td></td><td></td><td></td><td></td><td>看微信介绍</td><td></td><td></td><td></td><td></td><td></td></tr>
<tr><td>看说明线</td><td></td><td></td><td></td><td></td><td></td><td>与同伴交流</td><td></td><td></td><td></td><td></td><td></td></tr>
<tr><td rowspan="2">其他</td><td colspan="6"></td><td colspan="6"></td></tr>
<tr><td colspan="6"></td><td colspan="6"></td></tr>
</table>

2.3 结果分析

2.3.1 调查问卷结果分析

本次问卷调查共收到 40 份有效答卷。

(1) 观众基本情况

如图 20 所示,在性别比例上,女性居多;如图 21 所示,在年龄分布上,青年居多;如图 22 所示,在地域分布上,外地游客居多;如图 23 所示,从观众的社会身份来看,以在读学生和在职人员为主。

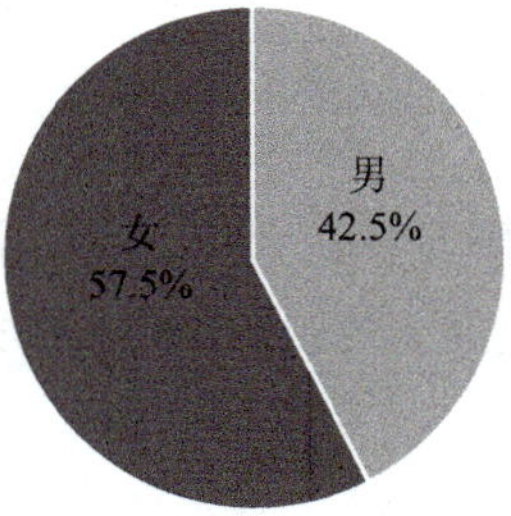

图 20 观众性别比例

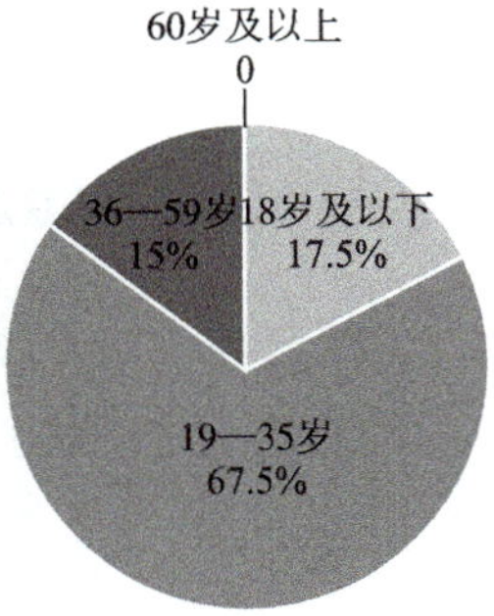

图 21 观众年龄比例

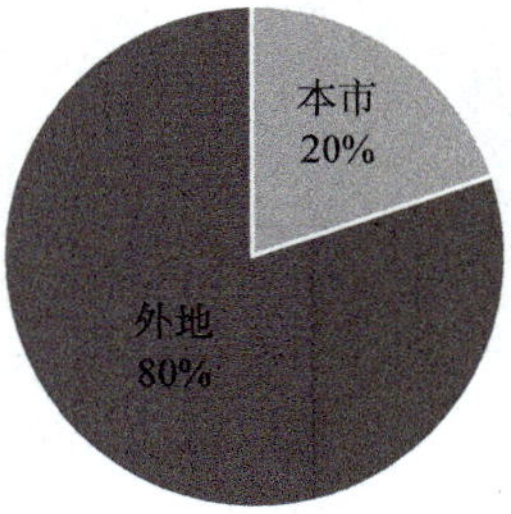

图 22 观众地域分布

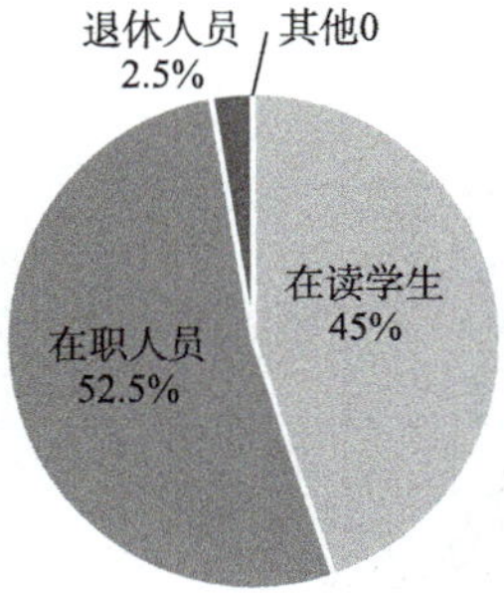

图 23 观众社会身份

（2）观众观展目的与展览方宣传效果

如图 24 所示，从观众获知展览的途径来看，大部分观众是在获得一些展览的讯息后前来观展的，一部分观众是在游览中华艺术宫时路过此展览（据调查人员反馈，这部分观众的选择是“其他”）。而从观众获得此展览讯息的渠道来看，以他人推荐和传统媒体的宣传居多。

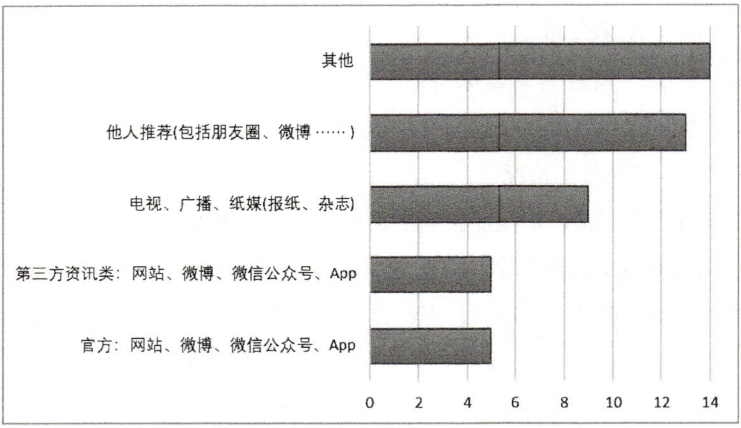

图 24　观众获知展览的途径

如图 25 所示，四分之三的观众在观展前并未详细了解过这一展览。而如图 26 所示，在有详细了解过展览的观众中，大部分是从非官方渠道得到的信息。

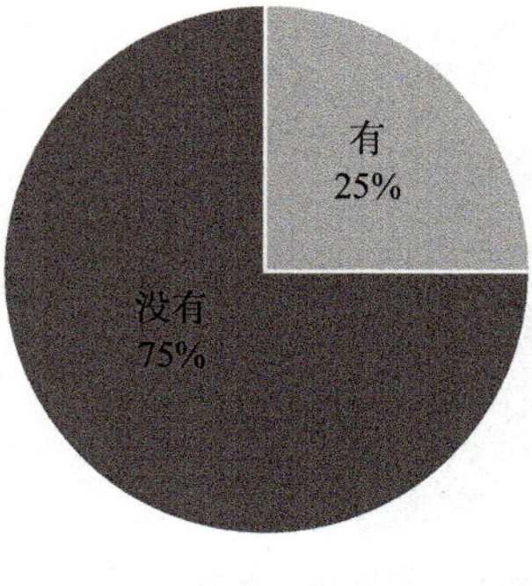

图 25　观众观展前对展览的详细了解情况

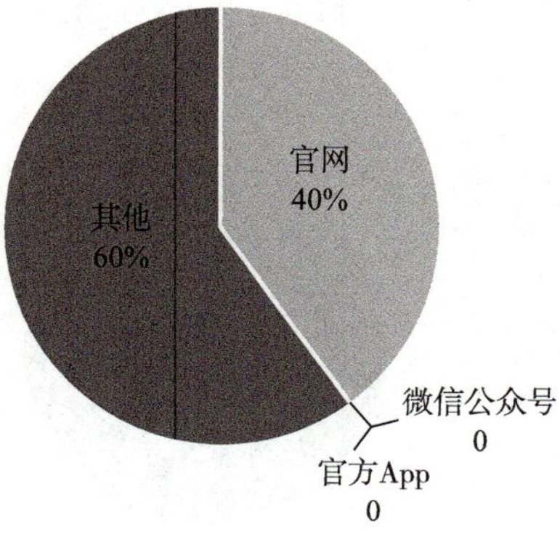

图 26　观众观展前详细了解展览的渠道

(3) 观众观展满意度

首先,如图 27 所示,大部分观众在观展过程中并未使用展览方提供的导览工具,仅有极少数的观众使用了微信导览,不过使用了微信导览的这部分观众均对导览表示满意。

在展品说明牌方面,如图 28 所示,观众均表示满意。在观览路线的清晰度方面,如图 29 所示,虽然大部分观众认为清晰,但仍有少部分观众认为不够清晰。

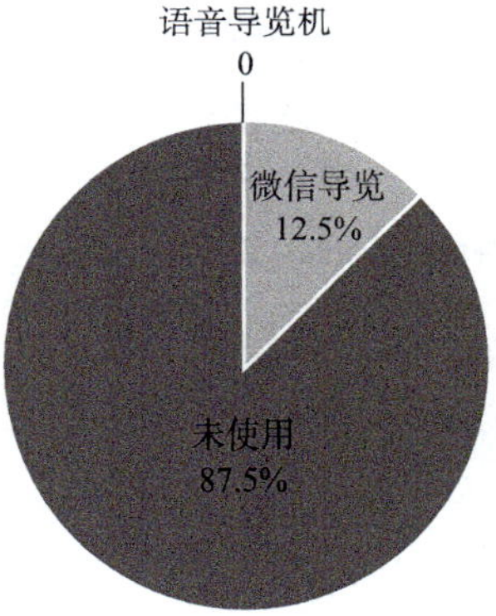

图 27　观众使用馆方导览的情况

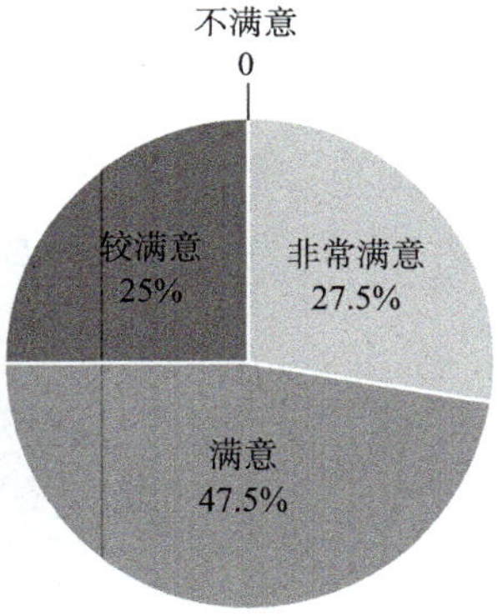

图 28　展品说明牌满意度

观展秩序方面,如图 30 所示,大部分观众表示满意,但也有部分观众表示不满意。

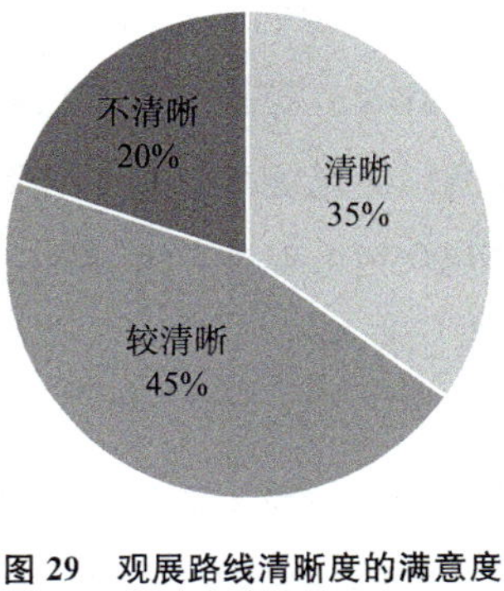

图 29　观展路线清晰度的满意度

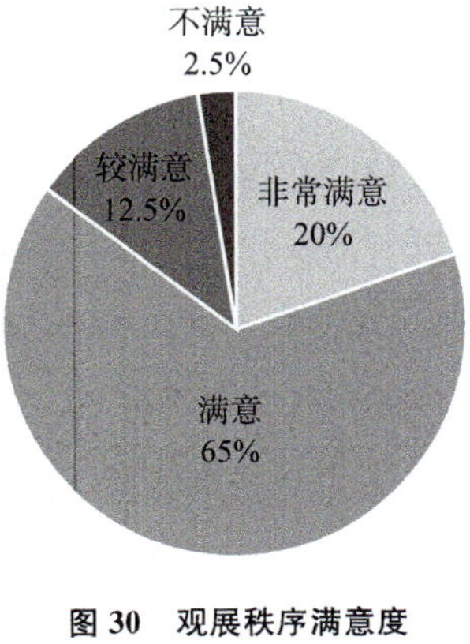

图 30　观展秩序满意度

在观展后，如图 31、32 所示，大部分观众都觉得对展览内容增加了认识或产生了兴趣，并且还会继续关注有关这个展览的介绍或讯息。

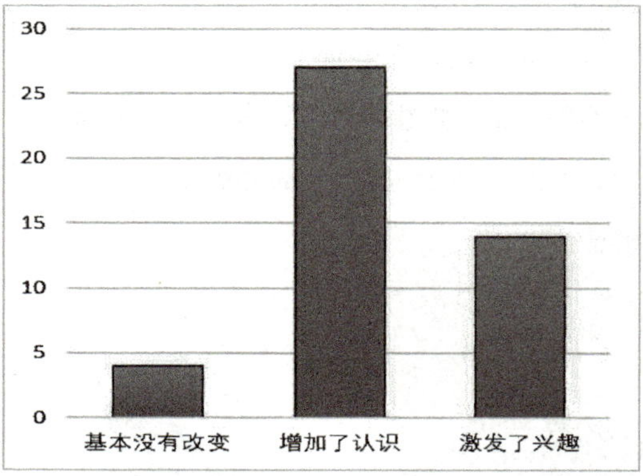

图 31　参观前后观众对相关知识的认识

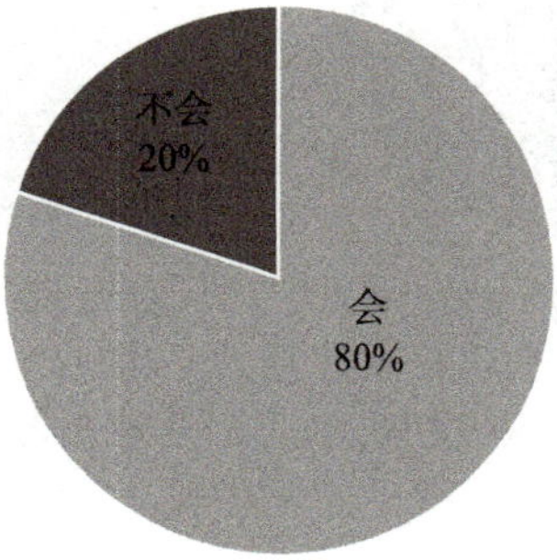

图 32　观展后是否还会继续关注这个展览

在对展览的建议方面，有 4 位观众提出了他们宝贵的建议。1 位希望可以有更详细的展品介绍；另 1 位观众希望展品说明牌上对于展品材质的介绍可以更精确；还有 1 位观众指出现场有一些作品旁的展示灯令作品反光而无法看清；最后 1 位观众指出现场有很多触摸展品等不文明行为，建议增加“禁止触摸”的警示标牌。

（4）观众对展览信息的接收度

我们设置了两道开放性问题，“您对于整个展览中印象最深的一件作品或者一个知识点是什么”和“观展后，您有什么体会”。通过分析观众们的答案与展览内容的契合度，来对他们对展览信息的接收度进行判断。

共22位观众回答了第一题，共15位观众回答了第二题。在这所有37个答案中，有78%左右的答案具体地谈到了对展览内容的印象和感受，其中也包含了个别对现场秩序、展品较少表示不满，以及表示看不懂展品。另外，我们也发现有个别观众将这个展览的内容与中华艺术宫中其他展览的内容弄混。

2.3.2 跟踪观察结果分析

本次共跟踪观察观众50名。

(1) 观众基本情况

如图33所示，在性别比例上，女性居多；如图34所示，在年龄分布上，中青年居多；如图35所示，在群体类别上，家庭、成人群体、个人观众都占有很大的比例。

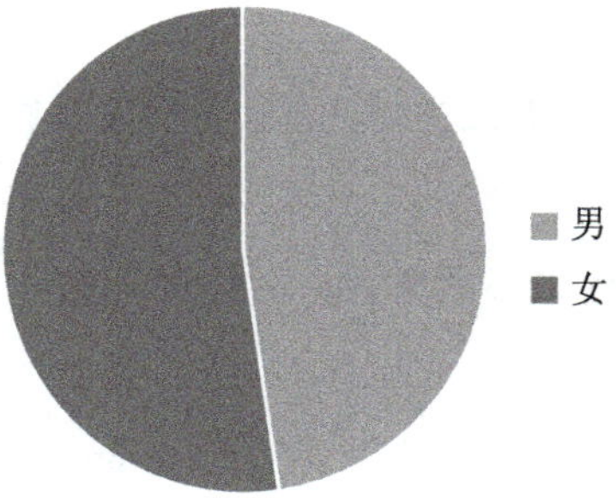

图33 观众性别比例

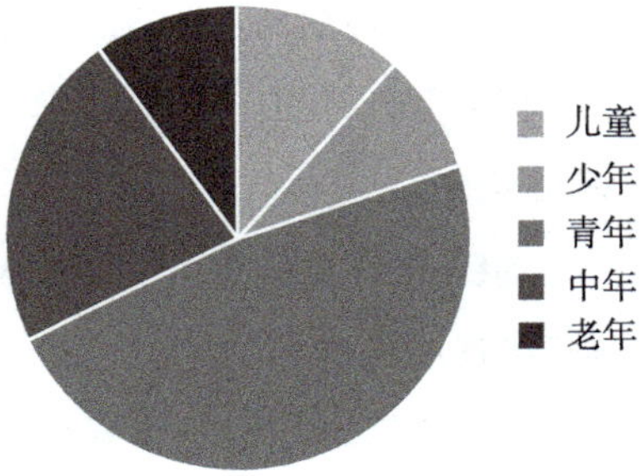

图34 观众年龄段分布

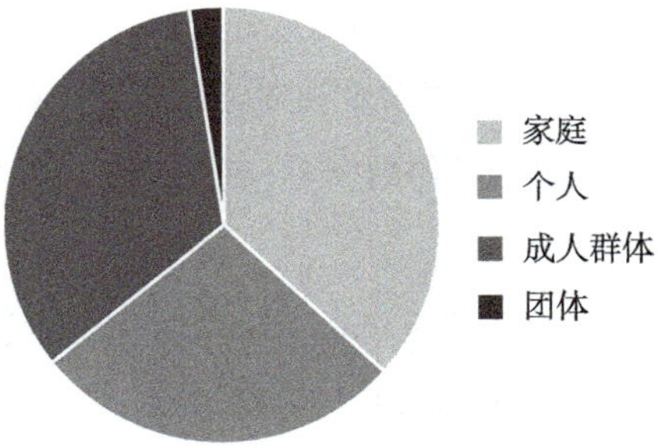

图35 群体类别

（2）参观用时

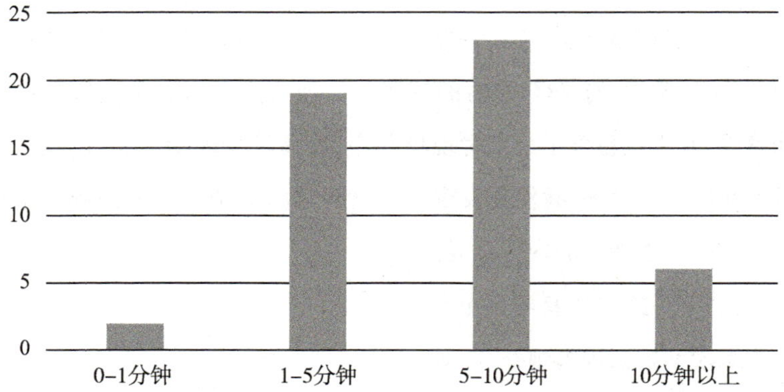

图 36　参观用时

（3）观众行为汇总分析

该展为中华艺术宫常设展览，客流量较大，但观众普遍观展时间不长，大多为走马观花，看到感兴趣的会拍照或合影。仅有少数游客较为认真地看展，使用专业设备拍照留影。

前言部分：仅有 4 人阅读，1 人拍照，即关注展览背景者仅占调查对象的 8％。

动线：展厅内的动线较为明确，但有 32％的调查对象从出口进入，逆行参观展览。

经过我们的观察，这个展览的观众可大致分为下列三类（图 36）：

走马观花型：大多数观众为这一类型，参观时间主要分布在 1—10 分钟，主要表现为拍照、大致浏览，与同伴交流。

仔细看展型：一位观众先顺着观展，后来又逆行再看了一遍；一位观众几乎在每一件展品前都停留浏览；有的观众从各个不同的角度拍摄展品。

随意散漫型：4 位游客坐下进行了较长时间的休息；2 位游客观展时间不足 1 分钟，稍微看过几幅后便原路返回。

2.3.3 总结与讨论

"海上生明月——上海美术百年"展览作为典型的艺术展览在展览宣传、布展、展品介绍等各个方面可谓是中规中矩。从调查问卷和跟踪观察的结果来看，虽然大部分观众对展览较为满意，但是还是暴露了展览的许多问题。具体分析如下：

(1) 展示内容

"海上生明月——上海美术百年"展览共展出600余件馆藏画作，以十个小单元贯穿。在展览结构上，以时序为经，线索为纬，清晰地展示出上海美术发展历程。问卷调查结果显示，大部分观众被媒体宣传吸引或因他人推荐前来观展，能够具体描述展览中印象较为深刻的展品。但是也有观众表示看不懂，觉得展品介绍太少。从跟踪观察的结果来看，观众的观展用时普遍较短，也从侧面反映出展品对观众的吸引程度有限，究其原因，展品介绍不足是很关键的一点。

(2) 展示形式

展览脉络清晰、前言部分内容详细。部分展品旁有二维码及对应编号，可以扫描关注中华艺术宫的微信公众号，在后台回复相关编号获取展品导览。展品导览的内容丰富，包含创作背景介绍及作者生平。但是仅有10%的展品有这样的导览，而据问卷调查与跟踪观察的结果显示，极少数的观众选择这一方式获取导览，也有部分观众反映认为展品介绍不足。可见展览方在展品介绍上，介绍的展品较少，内容与形式也还不够吸引观众。

(3) 现场运行

展览动线为单向设置，较为清晰，但由于出入口没有明确的指示，致使三成观众逆向参观，而这并不利于理解按时间排序的展品以及展览的总体思路。另外，展览数量现场工作人员较少，且制止不文明行为(如大声喧哗、触摸展品等)的标牌不够充足醒目，不仅致使观展环境及秩序较差，非常影响观展体验，而且还易造成展品的损坏。希望这几点能引起馆方重视。

四、结语

经过两个月的实践，我们在摸索中逐渐搭建起艺术展览信息认知度的调查框架，为展览方与观众的沟通铺设了一种可能的渠道。而这或许能使展览方更多地理解观众的观展意图与感受，并针对发现的问题进行改善，从而拉近观众与艺术的距离。

从最开始的实地考察、参考借鉴上海自然博物馆观众调查的经验，到深入调查两个案例，我们更深地认识到艺术展览在实际策划与运行中的不易。面对展览中存在的种种问题，我们发现往往是由诸多因素造成的。因此要为观众呈现一场完美的、看得懂的展览，实际考验的不仅仅是策展人，还有展馆甚至是整个行业的运行机制。对此，我们结合本次调查，给出以下几点建议：

对于策展，我们建议加强展览与场馆硬件设施的良性结合，使展览动线更为明晰；在展项的宣传与介绍上开辟更多的内容与渠道，以兼顾不同观众群体的观展需求。对于展览的运行，我们建议加强对展馆设施以及展览秩序的维护，为观众营造良好的观展体验。

与此同时，我们也呼吁展览方更多地倾听观众的声音，为观众反馈打开渠道。而观众调查不仅为观众提供了表达对展览看法的平台，而且也是一种对展览的评估，对于展览方提升展览质量大有裨益。不过如何使这种沟通更为科学高效，或许还需要进一步探索。

希望我们的实践作为在艺术展览观众调查领域的一次尝试，能够引起更多艺术展览方对这一方面的关注，搭建起更好的与观众沟通的桥梁，帮助他们看懂艺术。

（南京大学）

新媒体技术与江苏艺术发展

——现状与未来

黄　灿

江苏是经济大省，也是文化大省，更是艺术大省。在良好的经济发展和文化发展的共同支持下，江苏在各个艺术门类发展方面都颇有建树。从传统艺术和高雅艺术层面来看，江苏的书法、绘画、戏剧等艺术门类的发展都走在全国前列，涌现出一大批优秀的艺术家和艺术作品；从流行艺术与大众艺术层面来看，江苏拥有诸如江苏广播电视总台这样的文艺媒介机构，在电视剧创作、综艺节目策划、音乐节运作等方面均颇有建树，每年都能涌现出一大批优秀的文艺节目和在全国有影响力的活动。更为值得关注的是，江苏还拥有丰富的民间工艺资源，紫砂、昆曲等非物质文化遗产所熔铸的传统艺术世界更是魅力动人，蜚声海内外。

而近年来，以数字产业为代表的新媒体技术产业也获得了前所未有的长足发展，涌现出如途牛、投石科技等新锐的新媒体企业，江苏广播电视总台、新华报业集团基于新媒体技术的融媒体战略也开展得有声有色。基于上述的发展格局，我们对江苏近年来的新媒体艺术的发展做了调研，并对相应的发展趋势做了分析，形成如下调研报告。

一、狭义的“新媒体艺术”发展速度和规模有限

从广义上说，在社会上凡是新近出现的媒体都可称为“新媒体”，运

用这些媒体技术创作出来的艺术作品就可被认为是“新媒体艺术”。比如，在很多关于新媒体艺术的著作中，都将20世纪60年代的录像艺术和视频艺术作为新媒体艺术的起点，就是因为摄像机、录像机、电视机这些视频技术相对于传统的艺术介质（画布、摄影、纸张、文字、石块、泥土等）而言在当时是地道的“新媒体技术”。比如美国著名的新媒体艺术大师白南准以“录像艺术家”“视频艺术家”的身份跻身新媒体艺术先驱者的行列，正是基于这一逻辑。从这个意义上说，摄影相对于绘画则是新媒体艺术，电影相对于摄影也是新媒体艺术。

在当下技术发展水平的语境下，所谓狭义的新媒体技术则特指数字技术和互联网技术。那么，狭义的新媒体艺术也就特指基于这两种技术而产生的互动艺术、沉浸艺术、遥在艺术、动画艺术等等，它们是自信息革命以来艺术界开辟的崭新领域，不管是在国内还是国际上都产生着越来越重要的影响。但从江苏艺术界的发展现状来看，新媒体艺术的发展势头并不强劲。具体表现在如下方面：

1. 缺乏发有影响力的艺术家和艺术作品

江苏新媒体艺术发展乏力最鲜明的表现就是——在国际国内新媒体艺术迅猛发展的背景下，江苏并未出现在全国有影响力的艺术作品和艺术家。具体来说，江苏省新媒体艺术领域并未像书画、昆曲、文学等领域那样出现全国知名的创作者和艺术作品，少数对这个领域有兴趣的艺术家大都处于个人探索的阶段，而他们的事业发展圈子以及主要艺术活动都在江苏以外的地方。

2. 缺乏体制性的支持

江苏也缺乏促进发展新媒体艺术发展的体制性力量，这体现在各级艺术和文化主管部门对这一领域还没有足够的重视。在艺术基金项目、科研项目立项方面，新媒体艺术往往被置于不重要的地位。由于缺乏前期的成功作品积累以及有影响力的创作者，一些学者和艺术家申报的新媒体艺术项目往往也缺乏竞争力。另外，各相关部门对新媒体艺术作为一种文化事业发展的动力机制认识也不足，这直接导致了我省新媒体艺术的发展在两个方面的明显不足。一是缺乏高质量新媒体艺术展览，其背后则进而缺乏一个有效运作的新媒体艺术运作的市场乃至支持性的体制。二是，有关新媒体艺术的活动特别是“新媒体艺术节”之类的大型活动更是鲜有举办。而以书法、绘画等传统艺术门类为主旨的艺术节还是我省各城市举办艺术节的主流。这样就形成了一个循环——江苏没有好的新媒体艺术的发展环境，而越是没有好的环境，就越是缺乏国内外资本的、文化的各种投入，新媒体艺术也就愈发发展不起来。从某种意义上说，新媒体艺术在江苏的发展面临着一种需要“破局”的情势。

3. 原因和趋势探析

在江苏这样一个经济和文化颇为发达的省份，其新媒体事业发展也是蒸蒸日上。在此基础上，江苏的新媒体艺术的发展并没有迎来繁盛的局面，其背后的原因值得思考。当然，这并不意味着江苏要人云亦云，甚至邯郸学步，学着上海、深圳那样的城市发展新媒体艺术事业。事实上，无论是面对全国还是世界，一个地区的艺术发展其最健康的状态都是在整个艺术生态中找到自己的合适位置，也就是发挥自己的特色，形成自己最大的优势。所以，我们分析江苏新媒体艺术的发展现状和趋势，根本目的之一就是探究新媒体技术在江苏艺术发展，乃至整个江苏文化建设中的地位和作用。我们最终要探索的，是江苏如何在新媒体技术发展的浪潮之巅，找到最适合自己的艺术发展和文化建设之路。

前文从主体（艺术家）和体制（政府管理）的角度谈及江苏新媒体艺术发展面临的一些障碍。事实上，江苏新媒体艺术发展乏力还有一些客观原因，这体现在如下方面。

第一，狭义的新媒体艺术自带现代艺术的基因，而现代艺术一直不是江苏艺术发展的优势。所谓现代艺术的“现代”，不仅仅是一个时间或时代的概念，也是一个艺术的文化概念。它既指人类社会进入现代以后出现的艺术，更指那种具有现代文化精神气质的艺术，这种精神气质包括但不限于以艺术隐喻曲折地批判现实、呼唤针对人性异化的反思、追求形式的陌生化乃至呈现激进型的艺术特质等等。同时，现代艺术是在现代科技、技术发展、都市化、消费文化勃兴等一系列社会文化演化的背景下发展起来的，新技术、新材料、新媒体、新形式是现代艺术创作对传统艺术范式革新的基础。从西方艺术发展水平上看，立体主义、达达主义、未来主义、表现主义等现代艺术流派正是在这种范式逻辑的基础上发展起来的。而从江苏艺术发展情况来看，现代艺术并非它的发展重点和优势，近年来崛起的一些致力于现代艺术发展的艺术家，一旦做出名气，往往离开南京，前往北京、深圳等现代艺术发展氛围更为浓厚的地方。而新媒体艺术在基因上就是承接现代艺术精神的，这突出地体现在用新技术、新媒介熔铸的新的艺术形式"隐喻性"地表达创作者对文化和社会的理解上，这和传统艺术领域强调的对传统和经典的继承形成了鲜明的对比。缺乏"现代艺术"这个基因，新媒体艺术，尤其是狭义上的新媒体艺术就发展不起来了。

第二，江苏目前还缺乏一些新媒体艺术发展的结构性要素。比如，无论是艺术家关于新媒体艺术作品的创作，还是举办新媒体艺术节这类大型活动，新媒体软件技术都不可或缺，特别是一些充满活力经营灵活的小软件公司尤为重要。这些公司往往能够和艺术家形成非常灵活的合作关系，甚至技术人员和艺术家之间在长期的合作中能形成某种创作默契，这样才能创作出优秀的新媒体艺术作品。事实上，江苏软件业的发展多年来也取得了令人瞩目的成就，但是适合新媒体艺术发展的所谓的"纯软件"行业，或者说以"软件"作为硬核实力的"软件业"发展却还有待提高。比如，在 2019 年 7 月举行的第十五届中国(南京)国际软件产品和信息服务交易博览会上，江苏呈现了自己近年来发展最令人瞩目的软件成就。但这些成就大都集中在 5G、物联网、大数据、AI、云计算等技术相结合的工业互联网领域，聚焦文化创作、消费、娱乐、日常生活等领域的小的软件公司的成就则相对薄弱。在这种环境背景下，在江苏的诸城市中都难以形成那种"艺术家＋软件工程师"的创作组合，也就难以形成适合新媒体艺术发展的文化生态。

第三，城市发展的整体文化定位的支持。新媒体艺术的发展必须依托相应的城市文化以及资源。因此，城市本身的文化发展定位和方向对新媒体艺术的发展也就非常关键。事实上，从国内外的情况来看，城市的文化传统和文化定位对于该城市新媒体艺术的发展能起到至关重要的作用。比如，欧洲作为新媒体艺术的发源地，它的很多城市很早就开始着力新媒体艺术节的举办，其根本原因是这些城市一直将自身的发展和定位与科技研究和技术运用相联系。奥地利电子媒体艺术节创始于 1979 年，30 年来联合各大高等学府、艺术博物馆、学术研究所和来自计算机学、物理学、社会学的专家学者坚持不断地举行各种学术活动和实验室项目。在这样的艺术节中，不仅艺术家的思想和创意能得到很好的实现，科学家和工程师也能实现自己的研究发现和想法。其结果就使得林兹(Linz)从奥地利的一个不知名的小城镇发展成为欧洲新的文化旅游胜地。拥有 17 年发展历史的日本文化厅新媒体艺术节，相较于其他国家的新媒体艺术节则更注重动漫及动画方向，这与日本本土动漫产业的支撑不无关系。而深圳成为我国第一个以“新媒体艺术”为主题的城市，更是在这个主题下着力打造新媒体艺术节，这是和深圳关于自己的文化创意产业和高新科技产业的定位分不开的。再比如，贵州小城隆里自 2016 年就开始主办新媒体艺术节，迄今已经成功举办了三届。当地政府之所以有如此热情发展新媒体艺术，与其“互联网＋城市发展”的思路是分不开的。2018 年第三届隆里新媒体艺术节在这一点上表现得尤为突出，该届艺术节是将新媒体艺术的观念与乡村建设、古城文化、文化创新、文旅产业发展等一系列范畴相联系。新媒体艺术及其背后的文化内涵能否和城市发展的大政方略结合起来，是一个城市有没有热情发展新媒体艺术的内在动因，而一个城市对诸如“高新科技、文化创意”等要素的看重则是该地区促进新媒体艺术发展的潜在性支持力量。但是，对于江苏大多数城市来说，鲜有将新媒体文化的创作、文化创意，以及相应的高新技术的发展提升到城市发展战略层次，这也是江苏省诸城市缺乏新媒体艺术产业的潜在原因。

虽然我省狭义上的新媒体艺术发展规模和速度都有限，但这并不意味着江苏艺术界以及相关部门对新媒体艺术的忽视，恰恰相反，在艺术教育、文化产业、信息产业等诸多领域，新媒体技术都深度介入，进而引发相关领域的持续变革。从这个意义上看，江苏省新媒体艺术的发展或有一条属于自己的独特发展道路。

二、丰富多彩的新媒体艺术教育的探索

新媒体艺术虽然在江苏实务界发展缓慢，却是江苏艺术高等教育界着力关心和发展的领域。从目前情况来看，南京艺术学院、南京大学等高校相关教学科研机构都已经开展了多年的新媒体艺术教学与创作实践工作。比如，南京艺术学院的传媒学院早在 2000 年就开始建设数字媒体艺术专业。这其中，新媒体艺术是重要的关注领域。该院不仅开设了一系列新媒体艺术的课程，同时还强化了对学生新媒体技术使用能力的训练。在传媒学院的年度重要的教学实践活动——毕业设计作品展中，新媒体装置艺术都是非常重要的内容。其中，不乏一些创意精彩、内容前卫、形式多样的作品。比如，在 2019 年传媒学院的毕业设计展中，我们既能看到诸如 *Man's Best Friend Clips* 这样的新媒体互动装置艺术，也能看到诸如《拾荒者·永夜》这样的游戏装置艺术。前者着力反映“人、动物、自然之间的关系”这一严肃话题。该作品提醒欣赏者（互动者）注意到这样一个问题：人面对动物的无知心态、傲慢态度以及漠然随意的感情，而自己其实也是动物世界的一部分。该作品具有一定的反思性和批判性，具有现代艺术的气质。而后者则是一款可以现场操作的装置游戏。该款游戏的设备结构结合了机械、朋克、废土风格的游戏，由游戏、计算机动画、装置三部分组成。玩家在游戏通关的过程中，会逐渐接触工业文明、末日想象、生物信息技术等概念的内容，进而潜移默化地体会科技、人类行为、自然、动物等之间的关系，有

心的玩家会在通关的过程中被激发出相应的思考。

南京大学艺术学院将“艺术与科技”作为学术研究的重点方向，在教学科研过程中特别关注“新媒体技术对艺术影响”这一命题。同时，南京大学艺术学院具有良好的国际化优势，与境外一流大学保持着密切的合作关系。这其中，新媒体艺术的教学、研究和实践是非常重要的内容。2017 年 12 月至 2018 年 8 月，南京大学艺术学院邀请香港城市大学教授、法国先驱新媒体艺术家和理论家莫奔（Maurice Benayoun）教授来到南京大学，策划并展出了莫奔教授著名的系列新媒体装置艺术——“JUST DIG IT!”此次展览的系列作品是莫奔教授的代表作，是莫奔作为新媒体艺术家近年来最为大型、重要的展览之一，也是对 20 年间在新媒体艺术领域创作的反思和升华。早在 1995 年，莫奔就有感于互联网跨界连接的巨大力量，创作出新媒体艺术作品《大西洋底隧道》。与其说这是一个新媒体艺术作品，不如说它是一个远程虚拟传播的项目。该项目的基本装备是一个由金属条结构的虚拟管道，在管道的横截面上安装的是一个屏幕。该屏幕中的图像连接着互联网，也就是说，从远方传输过来的图像等信息能够在这面屏幕上呈现。那么，在不同的空间中各自安放这样的管道，可以通过管道横截面上的屏幕使图像等信息实现传输和共享。在《大西洋底隧道》的项目中，莫奔分别在法国国家级美术馆和魁北克文明博物馆安装了上述管道装置，并利用这两个美术馆和博物馆的藏品图片实现了两地的信息共享，于是利用互联网技术，莫奔就创造了一个虚拟地下世界，作品交互同时在巴黎蓬皮杜国家文化艺术中心和蒙特利尔现代艺术博物馆进行。这一行为则具备了如下意义——将这两座城市通过位于大西洋底部的世界第一条虚拟隧道连接起来。观众则可以通过身体不在场的的形式感受到另外空间的图像信息。而真正对观众理解信息形成障碍的则是两个博物馆藏品图片自身的含义和寓意，这是一种“文化障碍”而非“物理障碍”——巴黎和蒙特利尔的人们很容易看到这些图像，但必须通过特别创作的音效和音乐的引导，才能挖通隧道，最终彼此相见。

《大西洋底隧道》获得很大成功，循着同样的思路，莫奔又创作了《巴黎-新德里隧道》《色彩隧道》《边界隧道》等作品。而“JUST DIG IT!”的展览（互动项目）则是在南京大学和香港城市大学之间建立了一个“虚拟隧道”，南京大学艺术学院的学生以及香港城市大学媒体创意学院的学生一起利用这个隧道展开视觉形象的沟通以及相关交流。这一项目既有文化沟通的意义，又有教学和学术合作的意义。这次展览延续了莫奔类似题材的既有思路，但整个策展和布展过程则是由南京大学的学生来完成。特别是参与此次展览运作的南京大学和香港城市大学学生均为90后和00后的青年学子，他们在“虚拟隧道”中沟通的内容则紧扣时代命题，包括全球化问题。

事实上，让学生接触并深度进入新媒体艺术领域，并非仅有艺术教育和学术增值的意义。新媒体技术的飞速发展使得它正以前所未有的速度和力度渗透到我们日常生活的每一个层面，如果说，艺术的作用是涵育人的想象力和同情心的话，那么新媒体艺术进入教育领域更为重要的意义可能意味着它能够培育学生面对信息社会必须拥有的一种素养，我们姑且称之为“新媒体艺术素养”。这种素养有一个基本的底色，即强调“利用科技展开想象力”的过程。于是，诸多思想大师一直着力强调的关于“打通科学与艺术”之间的壁垒的种种努力，在新媒体艺术教育的视域中有望得以普及化、生活化和日常化。从这个意义上说，新媒体艺术在高等教育界将会越来越被重视。

三、新媒体技术对传统艺术以及相关产业的促进

新媒体技术对江苏艺术界最广泛的影响还在于它对文化产业的促进作用。江苏拥有在全国走在前列的文化产业，涵盖影视、出版、广告、设计等诸多领域。文化产业直接面对市场，对自身的产品效益和传播效果反应尤为敏感。对能够改进产品质量的新媒体技术拥有更为开放的心态。这使得相对于所谓的“纯艺术”领域，反而是在大众艺术乃至

消费文化领域，新媒体技术和艺术的联系更为紧密。

1. 新媒体技术与演艺事业的创新

江苏演艺事业的发展也走在全国前列，演艺市场繁荣兴盛。这一方面得益于江苏丰厚的历史文化资源，这些资源可以转化为戏剧、戏曲、音乐会演、歌舞晚会等诸多演艺形式；另一方面，更是得益于江苏演艺市场，这一市场给予各类演艺资源以极大的使用和拓展空间。比如，江苏拥有多元而丰富的晚会创作主体，它们既包括政府、广播电视台这样的主流机构，也包括企业、公司这样的商业机构。每逢国庆、中秋、春节这样重大的节庆时节来临，我省的各级电视台以及演艺机构往往都会创作相应的主题晚会，这几乎形成了江苏省各级广播电视机构的惯例。其中，诸如江苏广播电视总台的中秋戏曲晚会已然成为每年演艺市场的精品。新媒体技术特别是数字音视频呈现技术近年来在我省各类演艺项目中得到越来越多的运用。这不仅大幅度地提升了我省演艺事业的演出水平，更是在艺术创新和文化创新方面取得了很好的成绩。我们通过以下案例来说明上述命题。

首先我们来看，虚拟现实技术已然在江苏卫视近年来跨年音乐会的舞台布景中得到广泛使用。舞台布景甚至可以被称为舞台布景艺术，也就是说，布景是可以呈现相应的艺术内涵和审美情感的，而不仅仅只是简单地搭建一个物理空间供演员表演使用。舞台的灯光、色调、结构、相应物品的摆置方式与演员的化装、服装等共同综合塑造整场演出外部形象，帮助演员表演，揭示剧本内涵。简言之，舞台布景是整台表演艺术创意的一部分。因此，在设计创意初期阶段，舞台设计者往往会通过设计草图或搭建模型来建构一个模拟的舞台空间，导演、策划、导播等人能通过这种直观的体验检验相应节目设计思路的可行性和有效性。但是，这种机械的模拟手段和真实舞台效果之间的差距还是很大，对于很多效果的最终呈现，创作者还是得通过想象才能完成。而在近年来的江苏卫视的跨年音乐会的创作过程中，设计流程中的这一短板得到了根本性的弥补。我们以 2018 年的跨年音乐会为例。

担任此次晚会的舞美设计的是国内著名舞美设计师唐焱，他邀请了一个新媒体团队在舞台制作前期使用了一个游戏引擎软件 Unreal Engine 4 制作了舞台初期全息模拟，只要带上 VR 眼镜，人们就仿佛完全置身于表演现场。也就是说，这个软件可以模拟制作出非常真实的场景和舞台上的任何变化，呈现舞台的各个角落，灯光效果、布景变化等现场演出的效果。VR 这种新媒体技术完全刷新了舞台舞美设计的流程、思路，甚至革新了舞台设计的美学。首先，它大大激发了舞美设计者的创意能力。运用虚拟现实的技术，创作者可以预先设计并演练各种不同的舞美设计，乃至调整整个晚会的内容和流程。尤其是创意者可以通过 VR 手段，真切地将不同创意的舞美设计进行比较，以制定最佳方案。其次，它也更新了舞美设计过程的整个工作模式，特别是在大型晚会上，导演组在舞台还未搭建起来的时候，剧组各个部门都能深刻地体验舞台效果，验证工作流程动线是否合理，给导播安排机位提供帮助，这样做不仅节省沟通成本，更重要的是，它还能提前统筹各个环节之间的工作，保证各个部门之间在正式录制之前更少地出错。2018 年江苏卫视跨年晚会所使用的新媒体技术的创作更多地是在“实验室”完成的，而非在舞台这类实景空间中完成。VR 技术所孕育的技术潜力在相当大的程度上转化为舞台设计者的美学创作力。

包括 VR 技术、增强现实技术、光影特效等诸多新媒体技术目前已经被江苏省演艺事业广泛地探索和运用，不仅仅是晚会舞台，在戏剧和戏曲表演舞台上，新媒体技术也大放异彩。在 2019 年江苏卫视跨年晚会舞台上，出现了“洛天依”这样的虚拟歌手，她的形象和歌手薛之谦同时出现在舞台上。而整个舞台架构和舞美设计更是充分利用了现有的新媒体技术手段。整台晚会的主舞台就是由灯光数控吊挂系统灯光幕墙构成的，它们作为演唱会的背景，既可以灵活操控，制造不同的光影、色调等效果，同时还可以进行 LED 屏幕覆盖，而操控 LED 屏幕，则可以呈现不同的空间和视觉意象。如此，从视觉呈现的角度来看，舞台就不仅仅是一个固定的物理空间，而是更丰富的“远方空间”，是进入晚会现场的入口。如此一来，晚会的叙事、抒情和表意元素都被大大拓展，其内涵则更为丰富和多元。可以预见，新媒体技术今后在江苏演艺市场上将会获得越来越多的使用。

事实上，江苏丰富的艺术文化资源也吸引了国内对“新媒体技术拓展”感兴趣的艺术创作者。比如，昆曲作为江苏著名的非物质文化遗产蜚声全世界，它是江苏的艺术文化地标。江苏对昆曲传统的继承、保护和传扬做得是非常好的。但近年来，北京等地一些艺术工作者对昆曲艺术的创新产生了浓厚的兴趣，而这一点恰恰是江苏目前做得不够的地方。北京建筑师兼交互设计师冯千卉以《牡丹亭·游园惊梦》为素材，制作了一个新媒体昆曲装置艺术——“Inner Awareness”。这部作品将舞台与观看空间浑然一体，形成了一个演员和观众可以“共在”的表演/欣赏空间。这个空间通过细绳和纱幕隔绝为梦境和现实两个部分。观众可以在这两个空间中自由穿梭，或从各个不同的视角观看演员的表演。也可以完全不管演员的表演审美，而是作为独立的主体干脆沉浸到这个作品营造的如梦如幻的时空里。在这部作品中，有两种新媒体技术手段特别值得一提：

(1) 数字投影技术；在这部作品中，数字投影技术的主要功能是营造氛围和渲染情感。它既能将竹林、假山石等意象投到舞台空间中去，制造出杜丽娘、柳梦梅二人相聚时浪漫的氛围，也能将火焰、乱码文字以及无规律的光影闪烁投射到表演空间中，营造无常、死亡、梦境等因素。随着投影内容的变幻，观众的身体完全陷入不同的氛围和情绪中。

(2) kinect 体感交互技术；kinect 是微软公司制作的原本运用于电脑游戏互动操控的技术，使用这一技术的目的是通过激光捕捉人肢体的动作，进而将同频的动作挪至游戏中玩家扮演的角色上。这样让玩家在游戏中有更丰富的体验。在这部作品中，观众一旦进入这个舞台表演的空间，同时也就变成了这个互动装置艺术的“玩家”。他们可以将自己的身影经过这个互动装置的装扮后（比如变成古装扮相）融入“游园惊梦”的氛围中，而且自己可以通过举手投足控制这个身影，更深层次地体会这部剧的魅力。

关于昆曲与新媒体技术结合发展的探索还出现在北京舞蹈学院。2014年7月，北京舞蹈学院60周年校庆的项目舞剧《游园惊梦》正式上演，这是一部将新媒体技术的视觉表征特性深度融入昆曲美学的大胆尝试。在这部剧中，新媒体光影技术很好地表现了梦、幻灭、死亡、灵魂等诸多意象，这些意象能给予观众直接的视觉震撼，而在传统的《牡丹亭》的剧场呈现中，这些视觉意象只能通过演员的念唱作打等身体语言、唱腔艺术呈现，或者通过简单的舞美布景静态地实现。在此，新媒体技术在情绪渲染、意境营造以及抽象意蕴表达方面起到了昆曲的传统表现形式无法达到的创新水平。北舞版《游园惊梦》在第一场中是如此表现"幻灭"的：

> 深处的园子开始慢慢越来越光艳绚丽，她也随着周围的环境开始变得浮躁喧闹起来，昏昏然的状态，甚至有些忘乎所以。正当她享受其中的时候，偶然触碰到的地方瞬间幻灭，在她离开时又回复到原来的样子，她有些惊慌，却发现整个园子变得更加绚丽耀眼并开始摇晃，让她睁不开眼。在她还没有回过神来的时候，园子里的一切开始消散并再次聚拢为无数的荆棘向她张牙舞爪地扑来，惊慌失措的她逃离了牡丹园。

在这个场景中，传统昆曲中艺术呈现方式如演员的"念唱作打"依旧存在，但是显然，由电脑程序控制的灯光所造成的光影变幻的舞台效果是"幻灭"意蕴表达的不可或缺的元素。而某些视觉叙事桥段的设计，比如"正当她（杜丽娘）享受其中的时候，偶然触碰到的地方瞬间幻灭，在她离开时又回复到原来的样子，她有些惊慌，却发现整个园子变得更加绚丽耀眼并开始摇晃，让她睁不开眼"。这一段中艺术效果的完美呈现不仅考验演员的身段、动作、表情等在传统昆曲表演中必须具备的素养和能力，而且还考验演员的动作、表情和灯光明暗配合的默契程度,“机器”成为昆曲美学中不可或缺的表现元素。

白先勇先生曾经如此归纳过昆曲美学的内涵,他认为,昆曲美学的本质是写意的,而非纪实的,基于这种美学的基本艺术表征,如四功五法、念唱作打——这些是不可改变的。但是,毕竟时代在进步,昆曲艺术固然有自己稳定的内部结构、美学内涵以及文化意义,但是它毕竟面临着全新的传播语境和观众群体,因此,在其艺术呈现和传播手段方面必须有所变革才能持续地拥有生命力。① 事实上,白先勇在推广他的青春版《牡丹亭》的时候,就有效地使用了当时的新媒体技术。② 的确,如果说昆曲历经了600年的发展,其“写意的、非纪实”的美学内涵没有变,那么,如何呈现这种写意和非纪实则是发生了天翻地覆的变化。从上述两个例子我们可以看出,新媒体技术,尤其是其视觉呈现技术和互动技术对于表现这种写意和抽象方面具有自己独特的表现能力,而在传播推广方面,新媒体技术更是有着传统昆曲不可比拟的优势。

特别值得注意的是,上述关于昆曲艺术与新媒体结合的两个精彩案例都发生在北京,而非江苏。这或从一个侧面说明了江苏新媒体艺术的发展既缺乏主体创作的冲动,也缺乏体制性支持力量的现实。但同时也说明了,江苏丰厚的艺术文化资源恰恰是建构具有“苏派”意蕴的新媒体艺术的基础。

2. 新媒体艺术产业的探索

相应的新媒体技术固然是新媒体艺术发展的基础,但新媒体技术的使用则并不仅限于艺术范畴,而是更广泛地渗透了社会生活的诸多领域。新媒体艺术的诸多创作手法和美学,诸如互动、沉浸、虚拟等等。一方面,它们固然能够形塑相应的新媒体艺术作品;另一方面,它们更有潜力作为一种思维方式渗透社会生活的各个领域。特别是新媒体技术和思路如果能和传统文化产业结合,则形成更为丰富多彩的文化产

---

① 白先勇.昆曲新美学(上)[J].文史知识.2014(4).

② 赵哲群.青春版《牡丹亭》“传奇”[J].浙江艺术职业技术学院学报,2019(4).

业新形态。江苏作为经济大省，影视、广告、公关、演艺、设计等文化产业一直很发达，而在新媒体技术的影响下，这些行业也在纷纷转型，有些甚至成功地开辟了新的市场。而在这些领域，新媒体艺术与商业文化、流行文化等紧密联系在一起。以下，我们以南京投石科技公司为例来说明这一命题。

南京投石科技有限公司给自己的业务定位是从事“人机交互系统”的研发、生产、销售等多媒体展示的交互业务，它原本给自己的定位是一家技术公司。但随着近年来的业务拓展，投石科技越来越发现，客户提的技术要求越来越复杂和多元，而解决这种复杂和多元的方向很多时候不在技术层面，而在创意和艺术层面。关于这一点，总经管理孙峰峰有如下判断：

> 我们公司是2000年成立的，成立之初，因为那个时候新媒体的视觉展示技术相对落后，所以，客户更多的是重视我们的技术实现。比如，那个时候我们承办展会现场的布展，如果能有一些电脑特效、数字灯光效果设计，其实就完全能够满足客户需求了。大约到了2012年前后，数字3D投影等技术开始得到越来越广泛的普及，整个策展以及相应的其他现场视觉效果展示的思路好像一下子就被打开了，以前是有想法，但技术手段跟不上，现在是技术实现没问题，但点子反而开始缺乏了。

所以，投石科技近年来开始大力强化创意人员的作用，不仅引进了一批具有良好艺术和文化功底的创意人才，还开始着手和一些高校的艺术院系、艺术家群体进行合作，大力拓宽自己在业务发展过程中的艺术创意的思路。

按照孙峰峰的说法：“以前技术没有这么发达，其实‘工程师’的思路就足够了，也就是说更多的是基于技术实现的手段向客户提供相应的项目创意。而今天，随着新媒体技术的进步，倒逼我们必须越来越多地以'艺术家'的思路满足人们的需求。"①从投石科技目前的技术储备来看，它现在已经拥有各种3D视觉展示技术、仿真技术、互动技术、增强现实技术等等。对于每一种技术来说，其技术功能的内涵是固定的，但是对于这些功能的潜力的开发其实是无穷的，因为它的技术的纵深发展空间是不断演化、前进的社会现实。现实需要会反过来倒逼着技术不断实现自己更为细致的功能潜力。

总的来看，无论是在艺术界、文化产业界乃至更广泛的领域，新媒体技术和艺术结合其潜力还远远没有得到开掘。未来，这二者的结合必然形塑更为美丽的风景。更重要的是，不仅是新媒体技术将给江苏艺术带来发展的动力和变革的可能，江苏丰厚的艺术资源和文化资源反过来也将能够给艺术提供更多可能路径和发展空间。这是一个令人激动的未来。

（南京艺术学院/南京师范大学）

① 2018年3月22日，孙峰峰访谈。

困境与出路：南京云锦传承保护研究

徐梦颖

近年来，“非物质文化遗产”一词频繁出现在公众视野，作为全球排名第三的世界遗产大国，我国愈发开始重视各类遗产的保护与传承工作。而非物质文化遗产又因独特的不可再生性、技艺传承难等问题，使其保护与传承工作显得紧要而迫切。因此，如何在新的时代变革下，为非遗保护提供新思路、新方法，是本文的研究出发点。

南京云锦作为我国非物质文化遗产中传统手工技艺的代表之一，吸收了蜀锦、宋锦等制造工艺，发展形成了自身绚烂辉煌的艺术特点，是中国丝织品艺术中的巅峰。南京云锦木机妆花手工织造技艺，于2006年5月被列入第一批国家级非物质文化遗产名录，并于2009年9月被列入人类非物质文化遗产代表作名录。但观其发展现状，作为南京云锦织造工艺的主要研究与传承单位，南京云锦研究所在20世纪80年代以来多次改制，并于2015年被维格娜丝时装股份有限公司收购百分之百的股份，此举一方面使得研究所传承人流失现象严重，另一方面也使自身品牌营销效果下降。

因此，如何加强传统技艺的生命力，使其自身产生“内动力”，将博物馆陈列、“原生态”保护与文创产品、市场化相结合，两者相辅相成，使其代代相传，以此“活起来”“走出去”，延伸其作为民族艺术、民族文化的脉络，是本文探究的重点。

一、南京云锦的发展历史及艺术特色

1. 云锦的主要发展阶段

“云锦”一词最早见于南朝文献《殷芸小说》,原文载:“天河之东有织女,天帝之子也,年年机杼劳役,织成云锦天衣。”①而关于云锦本身的起源,现学界主要存以下三种说法:其一,认为其始于元朝、盛于明清,以徐仲杰、戴健、金文等先生为代表;其二,认为其始于东晋安帝义熙十三年(公元 417 年),此时南京第一个官办织锦机构——斗场锦署建立,以朱同芳等先生为代表;其三,认为其始于公元三世纪的吴国,以黄能馥等先生为代表。综合现有历史文献及学界调研,现大多以第二种说法为主,即云锦的诞生以正式成立锦署为标志。

此后,云锦在历经元代的基础沉淀后,于明清时期达到鼎盛,但在民国时期开始逐渐没落。究其原因:首先,从服务对象上来看,云锦在以往的历史时期,多是为皇家宫廷所服务,随着封建王朝被推翻,这一工艺自然失去了服务对象;其次,从市场销路来看,一方面,伴随帝国主义列强的入侵,以呢绒等为代表的舶来品大量涌入中国市场,另一方面,伴随军阀的连年混战,通往东北、西北等云锦的传统销路阻塞,两方面的共同作用,导致云锦的市场销路受到极大影响;此外,从内外贸易往来来看,蒙古人民共和国在 1924 年成立以后,一度断绝了与我国政府的贸易关系,亦影响到云锦的生产与发展。因此,当时众多工匠纷纷改行,加之工艺复杂、工料成本过高、脱离时代需要、脱离人民实际生活等问题,云锦行业一度低迷。在此期间,云锦行业也曾尝试开创外销新局面,如适应实际生活需要开发实用新产品,但由于当时政府对于民族工艺改革不够重视、机户只为单纯牟利等原因,导致产品用料不精、质量不佳,其声誉不断下跌。

---

① (南朝·梁)梁殷芸.殷芸小说,转引自云锦·江宁织造·《红楼梦》[J]. 红楼梦学刊,2009(03):58-78.

至 1949 年中华人民共和国成立，不少云锦技艺已经失传，为使这一珍贵的传统手工艺术能在新时期得到继承和发展，国家与地方政府开始予以重视并大力扶持，云锦开始恢复生产和销售。

在作品本身层面，因 1953 年举办的第一届“全国工艺美术展览会”上的云锦作品《大红地加金龙凤祥云妆花缎》引起了各方注意与报道，华东军政委员会文化部根据中央文化部指示，提出“积极开展对民间工艺美术遗产进行挖掘、整理、研究工作”的要求。次年 6 月，南京市文化局组建“南京云锦研究工作组”，由陈之佛担任名誉组长，并于同月深入中兴源丝织厂开展工作，重点为对传统纹样的搜集挖掘与整理。在此基础上，研究组开始了对云锦传统纹样的绘制、注释及创作口诀的整理等工作；在市场销路层面，南京市商业局曾在新中国成立后，派人到张家口联系恢复云锦的销路，举办“土特产交流会”等。此外，西北等传统云锦销路再次被打开，销量开始逐年递增。为保证市场货源，1954 年后，不少机户开始成立合作社，如艺新、艺光、艺美、艺锦等丝织合作社，至 1958 年底，南京市共有四家云锦制造厂，分别是由艺光合作社并入的中兴源丝织厂、艺新丝织厂、艺锦丝织厂及艺美丝织厂，保证了云锦的正常生产；在艺术人才层面，上述“南京云锦研究工作组”于成立时吸收张福永与吉干臣两位老艺人，并于 1955 年招收培养了两名挑花结本艺徒，采用传统师徒制的方式进行技术培训，同时辅以美术课程的教授。后通过这两名学员的传带，又陆续培养了几批挑花技术的接班人，基本满足了当时对云锦工艺发展的人才需要，正如陈之佛在 1955 年 12 月召开的江苏省人民代表大会上所言，“云锦老艺人的经验是可贵的，必须保存下来”；在政府政策层面，周恩来总理于 1956 年 10 月做出指示：“一定要让南京的同志把云锦工艺继承下来，发扬光大。”因此，当时的南京政府对于云锦的发展提供了诸多优惠政策，如：“南京市人民政府还让人民银行给予南京丝织行业贷款，累计达 169800 万元（旧币），占丝织行业全部生产资金的 80%左右。有了这笔庞大的资金，云锦同业公会统一购买原料、安排生产，生产形势十分喜人。各路客闻讯后纷拥来宁，大量收购云锦，曾出现供不应求的局面。”①1957 年 12 月，“南京云锦研究所”正式成立，亦成为中华人民共和国建立后国家批准的首个工艺美术专业研究机构。

2. 云锦的艺术特色：工艺精良，富丽堂皇

云锦根据花纹配色、织造手法、用料优劣等，可分为库缎、库金、库锦、妆花四类。其中库缎是清代御用贡品，又名摹本缎、花缎，分为地花两色库缎、妆金库缎、金银点库缎和妆彩库缎。库缎多用于衣物面料，因此又常称其为袍料，该品种花纹以团花居多，至辛亥革命后，随着众人对装饰性花纹的潮流趋变，散花、折枝花等亦开始流行；库金则又名织金，顾名思义，即花纹均以金线织出，时以银线输出的即为库银，二者均属库金大类，多用于衣边、裙边、垫边等。在图案纹样上，该品种遵循花满地少的设计要求，多采用小花纹样，在满地金上用阴纹勾画出轮廓线，以此达到最佳的显金效果，代表纹样有曲水纹锦、洋莲锦等；库锦则与妆花最为类似，两者原料均为精炼过的染色熟丝，因此都是提花的多彩纬织物，在民间也最易被混淆。但二者在花纹配色及织物背面均有所区别，库锦由于是通梭织彩，织物表面的每一段仅有四五种颜色，且“更换颜色时必须在花纹单位反复循环时，或织到一定距离时（如‘织成’料上花纹变换时），才能陆续更换配色，且每一段上的用色，均不能超过也不能少于规定的用色数量”。② 而妆花工艺则是使用彩色绒管，作通经断纬的局部的挖花织彩，因此配色非常自由，色彩更为丰富多变，视觉效果更为精彩。但也正是这一特点，导致其织物背面有回梭穿绒，导致织物较为厚重且厚薄不均，不如库锦平整光滑。

但就整体而言，云锦相比于其他锦种，色彩更为丰富、工艺更为精良、质地更为厚重，因此也更具富丽堂皇之气。基于这一特点，云锦在古代多为皇家御用，如龙袍面料等。在图案纹样上，云锦多讲求吉祥之寓意，以花卉、龙凤、云纹等为主，多用色彩浓艳的金银线展现其珠光宝

---

① 徐仲杰等. 南京云锦[M]. 南京出版社，2002：175.

② 王宝林. 南京云锦[M]. 文化艺术出版社，2012：71.

气之韵。以自然花卉为例，在云锦织物表面的花卉花型更为硕大，相比于宋锦更为磅礴。因此，如若以雍容华贵形容云锦，则可以古朴素雅来形容宋锦。当然，除了图案花纹、色彩装饰等方面外，云锦区别于其他地区锦缎的一大特色在于大量用金，包括捻金、缕金、缕银和银线。以云锦主要门类“妆花”为例，其花纹基本全部用上述材料织成，而这些名贵珍材交织于一件作品中，自然使得整件织品呈现出瑰丽辉煌、高贵典雅的艺术效果。

二、云锦传承保护中的主要问题

1. 技术革新遇瓶颈

虽然云锦在近几年也出现在部分国际舞台，但相比于苏州宋锦等，其在国内及国际市场的露面程度远不及此。首先就云锦的历史保护而言，其工作较为完善，由上文可知江苏省政府于 1957 年即建立南京云锦研究所，作为全国唯一的云锦专业研究机构，其是近年来承担云锦研究工作的主要机构。目前，南京云锦研究所集科研、教学、旅游等于一体，是国家文物局定点的“古代丝绸文物复制研究试验基地”和国家轻工业部批准的“中国织锦工艺研究生产试验中心”，在云锦织造技艺的传承方面取得不少成就。例如，在 1978 至 1984 年，其复制了明万历皇帝的孔雀羽织金妆花纱龙袍料，恢复了已失传三百多年的纱地妆花织造工艺，获得第四届全国工艺美术百花奖“珍品金奖杯”，后又被送往日本筑波参加世界博览会，引起世界的关注。

但随着当今时代科技的飞速发展，大机器时代显然已经到来。而云锦作为传统手工艺技术，其生存环境、传承环境都在受到强大冲击，如何突破技术革新难点，是云锦发展道路上必不可缺的思考点之一。

在技术创新层面，早在 1998 年，南京云锦研究所在南京市科技局的支持下，与浙江大学、东南大学合作，开发出了云锦 CAD 辅助设计系统,但由于这套系统缺乏织造过程中的部分特殊工艺,因此无法完全代替手工设计意匠图的需要。至2010年,南京云锦研究所与杭州浙大经纬计算机系统工程有限公司合作,研制开发了"云锦纹织CAD View60"软件,该软件自推出至今仍在不断更新,是国内唯一一款专业的传统手工织锦产品的意匠设计软件。通过笔者调查,发现这一软件在当今实际操作中应用已经较为广泛,因此,在意匠图设计环节中,已实现电子化操作。而在实际织造过程中,云锦四大品种中的库金、库缎和库锦已可以实现全自动化生产,但妆花技艺仍需要传统的手工织造。究其原因,是妆花面料比较柔软但色彩非常丰富,机器如要达到这种效果,就必须将每一种颜色都织到机器里,这将会使得最终的面料相当厚重,如同一块铁板,失去面料本身的韵味,所以在目前阶段这一技艺不能用机器代替。此外,就生产成本来看,如果妆花技艺采用机器生产,其生产成本将会直线上升,输出价值将远达不到输入价值,因此在经济层面亦不平衡。

2. 文化衍生乏创意

南京云锦作为蜀锦、宋锦等各类品种不断发展后的结果,在图案、纹样等方面有集大成之意,但又有所改良与创新,讲究"图必有意,意必吉祥",因此以植物、动物或祥云纹等纹样为主。植物纹样以莲花纹、宝相纹等为代表,动物纹样中以仙鹤、龙凤等为代表,不难看出其吉祥如意的文化观。此外,《释名·采帛》中载:"锦,金也。作之用功重,其价如金。故惟尊者得服。"①寸锦寸金的云锦,其用料极其考究,一般需采用真金、真银、真丝线与孔雀羽织造而成,其中真丝需经过炼制染色。相比于宋锦,云锦的用色更为鲜艳明亮且丰富多彩。由于云锦在古代多为皇家服务,其主要用途即为龙袍、官服等,因此讲究色彩的祥瑞之感。此外,其所用颜料均为天然的植物染料,而植物染料织成的云锦受

① 李磊.锦绣瑰宝 技艺双绝——南京云锦艺术赏析[J].中国书画,2006(4):191-192.

染色时间、环境温度等多方面因素影响，相比于化学染料来说难以保持色彩的稳定性、一致性与多彩性。

正因云锦的上述特点，使得云锦在当今的传承创新上有一定的限制。首先，就图案层面而言，由于织锦类的图案本就存在众多相似之处，如何对本身特有图案进行创新就成了重点。而对于云锦来说，其最为特殊的当属龙纹与凤纹，而这两种纹样不同于其他纹样，在设计上较难做到突破创新，无法打破原有形制进行重构；其次，就织物结构而言，其不同于宋锦的结构，更为厚重的织物本体限制了其在创新中的载体。虽然维格娜丝公司在收购南京云锦研究所有限公司后，创作过“Gayeon Lee for VGRASS 云锦”系列华服，但不同于上述宋锦“新中装”通体采用提花万字纹宋锦面料，该系列是采用云锦与其他织物面料相结合的方法制造成衣，一方面受限于云锦的高昂造价，另一方面也正是受限于其厚重的织物结构，不适宜民众的日常穿着。因此，纵观现有云锦文创市场，其图案仍多遵循传统且产品载体较为单一。

3. 文创产品欠营销

由于发展中的资金不足等实际问题，以及希望在现代化产业中的转型，南京云锦研究所于 2015 年被国内女装品牌 V·GRASS 以 1.35 亿元自有现金成功收购 100% 的股份。在收购完成后，公司计划实施“云锦研究所升级改造及营销网络拓展项目”以及“云锦时装欧洲研发设计中心及云锦欧洲旗舰店项目”，而计划实施的几大项目，落地效果也并不乐观，笔者从张玉英馆长处了解到，现在产品确实去欧洲了，但是去的是维格娜丝的品牌，并不是云锦，仅仅在南京德基广场的维格娜丝旗舰店中，陈列了一个幔花纱，但非手工织造的云锦，只是体现云锦概念的产品。因此，云锦研究所与上市公司的结合，正处于不断摸索、自我改变的瓶颈阶段，对于企业家而言，利润永远在第一位，但是对云锦而言，必须要以一种情怀来对待。

由于收购方并未利用其现有品牌销售渠道对云锦文创产品进行营销，因此现阶段的南京云锦文创产品仍以南京云锦研究所为主要基地，其中以“吉祥牌”为代表。该品牌于20世纪时就已成立,成立时间较长,同时为非物质文化遗产南京云锦的传承品牌,市场认可度较高。在笔者走访调研过程中,发现南京云锦博物馆内除“吉祥牌”产品外,亦有“元先”品牌的商品,对此笔者向原南京云锦博物馆馆长张玉英女士进行了询问,其表示:“元先之前其实是吉祥牌,吉祥牌是过去老一辈人做的,为什么当时选吉祥牌,因为是老所长他们选的,由于吉祥的寓意等等。但是对于年轻的一代人,他们会觉得吉祥太老气了,所以就注册了元先。”因此,“元先”和“吉祥”实为同一品牌,对于该品牌销量,笔者根据调研结果绘制图表如下(图1):

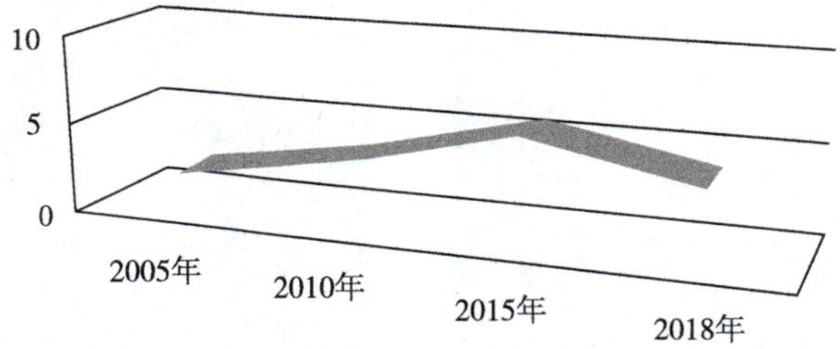

图1　南京云锦研究所有限公司云锦文创产品销售额走势图(2005年至2018年)

可见,该品牌自2005年以来,基本保持30%的递增销售额,在巅峰时可达到近六千万一年的销售总量,至于为何在高峰期后出现销量持续滑坡的现象,张玉英表示:“后来说要培养年轻人,那么培养新人的过程中是要付出代价的,销量就开始出现了滑坡,再加上受到各类政策的影响,原本作为公款礼品消费的这一市场也没有了,销量就一直是下降的状态。”云锦文创商品在销售巅峰期间,占比近50%的销售额为国家公款礼品,因此在政策变动后,云锦行业并未在新时期以最快速度抓住新的时代脉搏,云锦市场开始低迷。虽然在新的变革面前,云锦亦有抓住市场的做法,例如:以每两年举办一次的南京名城会为契机,制作参会人员服装及礼品;以2015年意大利米兰世博会为契机,展示云锦织造的《蒙娜丽莎》(如图2),同时与劳伦斯·许合作,提供近300米的面料完成一场时装走秀(如图3);以南京举办青奥会为契机,制作礼品、现场展演等等。但由于宣传力度、活动频次、活动知名度等问题，相比于宋锦而言，媒体力量对其的支撑与推广显得较弱。同时在线上销路方面，该品牌并未在民众常用的购物网站开设旗舰店，虽然在吉祥品牌官网上可见“吉祥商城”栏目和“天猫商城”链接入口，但点击后均无跳转，使得一般民众无法在大数据时代运用网络进行便捷式购买，营销渠道及营销方式上均有所欠缺。

图 2 《蒙娜丽莎》，云锦，南京云锦博物馆

图 3 米兰世博会南京周云锦大秀，云锦服装，劳伦斯·许设计

三、走出困境的对策分析

1. 观念更新：文化传承与多元保护

云锦的主要传承机构为 1957 年成立的南京云锦研究所，由于体制改革，南京云锦研究所于 2003 年变更为南京云锦研究所有限公司，于 2015 年被维格娜丝有限公司收购 100％的股份。目前，南京云锦研究所共有国家级非遗传承人 1 名，江苏省非遗传承人 2 名，南京市非遗传承人 5 名，根据云锦研究所的相关资料，笔者将 20 世纪后的部分传承人名单整理如下（表 1）：

表 1　20 世纪以来的南京云锦传承人及其主要作品①

代系	姓名	入行时间	相关说明	代表作品/成就
第一代传承人	吉干臣	1912 年	织造者	《云锦挑花结本基本方法》专著等
	张福永	1920 年	家族六代承袭云锦挑花手艺	总结了云锦图案的创作规律和方法
	朱枫	1949 年前后	成功恢复失传的“双面锦”和“凹凸锦”技艺	《明代定陵万历皇帝孔雀羽织金妆花纱龙袍》复制、《万紫千红》等
	徐仲杰	1949 年前后	云锦纹样设计研究	《南京云锦的传统图案与色彩》等专著
第二代传承人	王道惠	1955 年	师从张福永、吉干臣	《明代定陵万历皇帝孔雀羽织金妆花纱龙袍》复制等
	朱守茹	1955 年	师从张福永、吉干臣	《明代定陵万历皇帝孔雀羽织金妆花纱龙袍》复制等
第三代传承人	郎悉尔	1973 年	师从朱枫	《中华世纪九龙图》《富贵牡丹》《锦韵华章》等
	郭俊	1973 年	师从朱枫、徐仲杰	《万寿中华》《丹顶和鸣》《瑞虎呈祥图》等
	周双喜	1973 年	师从 1949 年前云锦织造老艺人顾惠源	《明代定陵万历皇帝孔雀羽织金妆花纱龙袍》复制等
	杨建顺	1978 年	师从 1949 年前云锦织造老艺人王长金、王杏荣等	定陵博物院《妆花缎龙袍》复制等
	王继胜	1980 年	云锦染织工艺研究	《素纱禪衣》复制等
第四代传承人	张洪宝	1991 年	设计与织造之间的统筹协调	《清石青地云锦妆花缎袍料》等
	杨玉柱	1991 年	云锦织造工艺研究	《松龄鹤寿》《长城》《天坛》等
	李晓伟	1991 年	云锦意匠设计研究	专业辅助设计软件的自主研发

① 表格信息来源：http://www.njyunjin.com,南京云锦研究所官网。

续 表

代系	姓名	入行时间	相关说明	代表作品/成就
第五代传承人	蔡向阳	2004 年	师从周双喜	《明织金寿字龙云肩通袖龙襕妆花缎衬褶袍》复制等
	杨冀元	2006 年	师从郭俊	意匠设计的自主研发

由于收购等原因，新公司计划实施的部分项目如“云锦研究所升级改造及营销网络拓展项目”“云锦时装欧洲研发设计中心及云锦欧洲旗舰店项目”等使得部分手工艺传承人放弃并转行，这一群体认为传统手工艺并不适合走市场化的道路，在博物馆的保存、陈列、展示等，是对云锦最好的保护方式。在此种观念下，新公司与员工之间持续僵持，反复出现企业与员工不和谐的现象。诚然，博物馆是历史最佳的栖息地，但随着时代推进，如若能在保证云锦织物特点、结构特点的同时，使其以其自身独特的魅力，得到更为多元化的发展，实不更佳?

纵观现有宋锦市场，宋锦在基于历史的同时，亦能多元化地活在当下。除苏州丝绸博物馆等陈列性质展览馆外，苏州亦有钱小萍宋锦大师工作室、吴江鼎盛丝绸有限公司、苏州天翱特种织绣有限公司以及苏州工业园区家明织造坊、红星宋锦织造坊等进行实体生产或销售。其中钱小萍宋锦大师工作室、家明织造坊以宋锦织造技艺的传承保护为主，多用花楼木机；天翱特种织绣有限公司、红星宋锦织造坊以有梭铁木机为主进行生产，但两家织机总数合计不过二十，生产规模较小；吴江鼎盛丝绸有限公司以创新数码电子技术进行生产，为当今规模产能最大的宋锦制造商。因此，笔者以该公司为例进行宋锦多元化发展的现状阐述。

在文化产业层面，该公司投资成立上久楷丝绸科技文化有限公司，专门负责以宋锦为核心的研发、设计、生产与品牌运营。上久楷丝绸科技文化有限公司于 2014 年斥资千万建成苏州宋锦文化产业园，该园区设有宋锦文化展示区、APEC 宋锦“新中装”展示区、古木宋锦织机展示厅、鼎盛丝绸工厂店、宋锦生活艺术馆以及宋锦生产工艺流程走廊六个板块，并单独设有宋锦国礼馆，是国内首个以宋锦为主题，集科普教育、创意产业、生态休闲、旅游购物于一体的产业园。在产业园基础上,该公司将宋锦工艺与其珍贵的文化元素相融合,通过新产品设计,运用文化力量打造品牌,以此拓宽宋锦市场。且看近年来的宋锦发展,2014年在北京举办的亚太经合组织会议(APEC)中,各国领导人即着“上久楷”宋锦面料织成的新中装;2015年在北京举办的中国人民抗日战争暨世界反法西斯战争胜利70周年活动中,该公司成为当时全部福袋的面料供应商;2016年在G20杭州峰会中,“上久楷”宋锦成为领导人之间的国礼之一;2017年哈萨克斯坦阿斯塔纳世博会中,其被中国贸促会选为指定礼品助力中国馆;同年4月23日,“上久楷”品牌正式在美国西雅图的奢侈品街区开启第一家加盟店,同时在全国最大的奢侈品网络平台“寺库网”上设立其旗舰店。

在织造技术层面,宋锦与云锦一样,传统织造方法耗时耗力,以往的宋锦制造提花木机每台需有两人同时操作,从缫丝染色到产品织成足足二十多道工序,往往日产不足八厘米,因此,如若一直保持传统技术,宋锦的大量生产外销将难以实现。同时,宋锦的制造技术在古时多为口耳相传,各家做法各有特点,没有标准化的工艺衡量。因此,鼎盛丝绸有限公司通过搜集整理古代织法工艺,加之产业化的实践,总结设定了首套新宋锦工艺标准。该公司董事长吴建华先生亦在国内首次提出宋锦的“活态保护”概念,并于2012年3月带领团队成功研制出一台电子提花机,创新应用电脑剑杆织机织造宋锦面料,使宋锦进入无梭织造阶段。该机器符合宋锦织造工艺的各项技术参数,传承古法精髓的同时,极大地提高了宋锦的制造效率、工艺稳定性与精准度,首创宋锦箱包、家纺等产品,自此,宋锦也正式在技术层面实现了产业化批量生产。在产业化生产过程中,从源头的原料采购、研发生产到后期的运营销售、仓储物流等,公司亦有专人进行监控,使得其拥有ISO 9001质量管理体系认证。此外,该公司还专门设有宋锦工程技术研究中心,并在米兰设有“上久楷”欧洲设计中心,同时与东华大学、苏州大学、丝绸研究所等签订了技术合作协议,这种与国内知名设计院校、研发部门紧密合作的方法，亦使得其不断提升自身的品质。

综上所述，宋锦在以博物馆、大师工作室等为保护、研究基地的同时，依托企业品牌，在此基础上进行创新，使得“传”与“承”相辅相成，将研究、生产、贸易相结合，将传统手工艺与现代生活相结合。随着时代的发展，不断地推陈出新、巧妙地古为今用，是民族工艺走向公众、走进生活的良好途径。对于传统的织造技艺而言，作为人类的非物质文化遗产，其必然具有其独特韵味之处，在保留传统的同时如若能创新发展，满足文化基因、创意基因、审美基因、实用基因等多种要素，则可以让它们不只是陈列于博物馆中，而是“活起来”“走出去”。此外，在传承人才方面，织造层面的传承人才必不可缺。现阶段云锦传承人中青年人数量并不多，如何激发青年人对于民族传统工艺的自豪感，使其自身对云锦产生浓厚的兴趣，在潜移默化中让一代代人认识、了解这项工艺，是我们需要思考并解决的问题，使得未来的传承人可以做到老、中、青相结合。上一代人对下一代人的指导，是中华工艺、民族文化生生不息的源头，正所谓“传承”。同样，在新的变革与机遇面前，如何在“传承”之上做到“创新”，让其具备内在的生命力，将其衍生出的文化创意产品更好地推向市场，那么在创意人才的发现与培养上也同样重要。而创意产业的人才，一方面需要包括设计人才、策划人才等处于文创产业链上游的部分，另一方面也需要管理人才、营销人才等处于文创产业链下游的部分，发现并培养优秀人才才是发展道路上的基石。

2. 品牌理念：文化内涵建设

维格娜丝集团在收购南京云锦研究所后，虽然设计制造出部分云锦产品，但云锦文化的外显、品牌理念的建设等都有所欠缺，在笔者采访过程中，原云锦博物馆馆长张玉英也谈道：“后来我们也发现，这样子(被百分之百收购股权)确实是有利有弊……比如说现在云锦研究所环境的改造、车间的改造、食堂的改造，你会发现都不错，但是在对待传统文化上，他就会把这项传统工艺当作一般的服装来对待。也许作为企业家来说，这样是没有错的，但是作为人类遗产，企业家需要有一种胸怀、一种情感、一种责任、一种保护人才的计划。”

在此,笔者选择同为企业性质的苏州丝绸鼎盛公司进行比较探讨。苏州宋锦纹样以满地花为主(如图4)[①],主要可分为单独纹样及连续纹样两大类。对于前者而言,图案题材以佛像、花鸟、故事为主,主要用于宫廷陈设,如壁毯、挂轴等;对于后者而言,图案题材以花纹、鱼鸟纹、云纹、水纹等可重复性较强的纹样为主,适用范围则更为广泛。近年来,鼎盛丝绸公司下辖“上久楷”品牌宋锦,在继承原有图案的基础上,不断对题材本体进行创新,将传统宋锦纹样进行提取凝练,同时加以现代时尚设计,在保留原有历史文化底蕴的同时,也满足了当代消费者的实用与审美需求,进一步拓宽了其可适用领域。

以2014年APEC会议各国领导人所穿着的新中装为例,其主要面料即为宋锦,此举将一般不作为衣料使用的宋锦以全新载体展现给民众。在纹样选取上,男女领导人服装均以“江崖海水纹”为主(如图5),该纹样即基于传统的水纹式样进行创新设计,寓意21个APEC经济体山水相依、守望相护,同时江崖海水在中国的传统文化中亦有福寿延绵、江山永固之意。在会议结束后,制作该服装的吴江鼎盛丝绸公司即出现订单不断的盛况,销售量不断突破新高。再以2008年北京奥运会宋锦邮票为例,该邮票是基于2007年中国对外友好协会的委托,由非遗传承人钱小萍女士创作,运用宋锦独特的彩抛活色技艺以及现代纹版提花技术,以北京奥运会吉祥物“福娃”为图案主体,改变了传统几何图形中填充图案的方式,展示出传统手工艺与国家大事相结合的可能性,标志着宋锦在实用领域的一大突破,突破了其作为书画装裱的一般用途。无论是宋锦面料的新中装,还是奥运宋锦邮票,除了上述图案本体与使用途径上的创新,其在织物结构上也有一定改变,在保证宋锦丰富色彩的同时,将其设计为更为轻薄的织物,才给予了其传承与创新的可能性。

---

① 图片信息来源:http://www.szsilkmuseum.com,苏州丝绸博物馆官网。

图 4　宋锦纹样实例图，宋锦，苏州丝绸博物馆

图 5　APEC 会议领导人服装及“江崖海水纹”纹样图

因此,对于如何使得商品本身更具竞争力,笔者认为可以基于创意的几大主要理论进行产品研发设计。其一,“元素组合理论”认为“设计者可以通过尝试各种元素的组合而获得创意”;其二,“迁移理论”认为“设计者可以通过视角的迁移创造出众多新鲜的、交叉的、融合的、异化的、裂变的、创新的事物来”;其三,“变通理论”认为“各种能量的变换、功能的变通即可产生创意,对设计者而言,创意需要的就是这种变通”。[①] 云锦产品的设计者可以对其中的文化元素进行“解构”再“重构”,提炼最具代表性的图案、色彩等元素,寻找实用性强、市场认可度高、贴近生活的载体并对其进行全新的诠释与展现。此外,无论是传统技艺的进一步保护传承,还是推动云锦走向市场,资金都是其必不可缺的一部分。在维格娜丝集团收购的现阶段,资金储备量非常可观。但据笔者了解,以原南京云锦博物馆馆长张玉英为例,为了制作更多贴近百姓的云锦产品,其不断地自掏腰包向里投入,一辈子的投入使得其希望云锦能得到更好的发展。虽然其也多次与现任董事进行协商交流,但被收购的云锦研究所在短时间内还将持续处于发展的瓶颈期。因此,笔者认为,握有云锦这一类传统手工艺品牌的企业家,在品牌发展当中应当抱有更多的情怀、更大的传承责任感、更强的民族使命感来制定未来的发展道路和走向。

3. 市场运作:多元的宣传与销售渠道

将南京云锦与苏州宋锦做比较,在当今的宋锦文创市场中,以苏州鼎盛丝绸有限公司的“上久楷”品牌为代表,无论是2014年APEC会议中各国领导人穿着的新中装、中国人民抗日战争胜利暨世界反法西斯战争胜利70周年阅兵式福袋、2016年G20杭州峰会的国礼、2017年哈萨克斯坦阿斯塔纳世博会指定礼品供应,还是金砖国家领导人第九次会晤专用礼品供应,该品牌都以最傲人的姿态将这一民族传统工

① 卢润德,张明英,周建丰. 城市文化创意产业发展之道[M]. 经济科学出版社,2016:55.

艺展现于世人面前。随着 2012 年来对宋锦机械化生产的不断摸索，在宋锦“走出去”态势极盛的状态下，该公司订单数量也达到顶峰，并于 2017 年 4 月在美国西雅图奢侈品街区正式开设第一家国外加盟店。此外，笔者在全球高端奢侈品服务平台寺库网、京东官网中，均能搜寻到该品牌旗舰店，为民众欣赏宋锦、购买宋锦提供了极为便利的选择。

由此可见，宋锦在文创市场中依托国家大事助力这一中国传统手工技艺，巧妙地让宋锦“走出去”，以此推广民族文化的同时，亦为自身宋锦商品品牌打响知名度。除此之外，该公司于 2014 年投资建立了苏州宋锦文化产业园，笔者在该园展厅内可见载体多样的宋锦产品。除服装、箱包等日常用品外，亦有靠垫、窗帘等家居用品，这部分宋锦产品在织法上更为精细，因此光泽度、层次感、耐磨性等也得到极大提升，在实用性上得到高度飞跃。在设计感方面，以该品牌最新产品“吴大羽无题系列”为例（如图 6），提取我国近现代杰出油画家吴大羽之作，利用传统宋锦展现抽象艺术，展现出文化与艺术相结合的韵味与灵动。该公司董事长吴建华表示：“吴大羽是长在中国文化根脉上的艺术家。他在绘画精神上是中国的，个性的，但形式上是世界的、时代的。这与‘上久楷’宋锦所追求的文化、时尚、科技的融合发展之道不谋而合。”①

图 6 “上久楷”吴大羽无题系列产品

① 陆平静，汪宏胜. “上久楷”宋锦：“文化＋创新”打造丝绸领域时尚标杆[N]. 消费日报，2018－1－25.

因此,就“吉祥牌”云锦商品而言,现阶段线下博物馆内的陈列、售卖格局已经形成,但“新东家”维格娜丝集团对云锦文创商品的投入仍可以继续加大,完全可以借力自身已有的时装品牌店铺规模,助推云锦商品在博物馆外的销售局面。线上可开发市场更为广阔,在电商极为发达的今天,线上销售平台的进驻成本极低,如若能打造出给人优美视觉体验、独特 VI 风格的线上店铺,则有更多可能性吸引具备相应消费能力的顾客。

四、非物质文化遗产保护的几点思考

1. 政府的引导与保护

通过上文对云锦和宋锦的探讨,笔者认为,无论是传统技艺的传承保护,还是在新时代面前的创意创新,都离不开相关政府部门的扶持政策,这类政策在有效保护非物质文化遗产的同时,也可为人才、资金、知识产权等提供强有力的保障。同时,政府层面的战略规划,也可为该城市的文化产业发展提供方向。因此,笔者将苏州与南京两座城市的相关政策文件整理如下(表 2、表 3):

表 2 苏州市非物质文化遗产及文化产业相关文件政策①

序号	文件名称	文号	颁布时间	颁布部门
1	《苏州市非物质文化遗产代表性项目代表性传承人评估办法(试行)》	苏文规字〔2016〕6 号	2016.09	苏州市文化广电新闻出版局
2	《苏州市优秀新兴业态文化创意企业评选办法(试行)》	苏文规字〔2016〕7 号	2016.10	苏州市文化广电新闻出版局
3	《苏州市文化创意产业投资引导基金管理办法(试行)》	苏文规字〔2016〕8 号	2016.10	苏州市文化广电新闻出版局

① 信息来源:http://www.jiangsu.gov.cn,江苏省人民政府官网;http://www.suzhou.gov.cn,苏州市人民政府官网。

表 3 南京市非物质文化遗产及文化产业相关文件政策①

序号	文件名称	文号	颁布时间	颁布部门
1	《南京市文化人才培养对象资助实施办法》	宁委宣通〔2013〕19 号	2013.04	中共南京市委宣传部
2	《南京市文化科技融合发展规划》	宁文改发〔2013〕2 号	2013.08	南京市文化改革发展领导小组
3	《南京市文化科技投资融体系建设计划》	宁委宣通〔2013〕56 号	2013.08	中共南京市委宣传部、南京市金融发展办公室、南京市财政局等
4	《南京市重点文化科技企业培育管理办法》	宁文改办〔2014〕3 号	2014.05	南京市文改办
5	《南京市推进文化创意和设计服务与相关产业融合发展行动计划(2015—2017)》	宁政发〔2015〕227 号	2015.03	南京市人民政府

相比两份表单，从内容上看，两市在对文化产业的企业发展、资金帮扶、人才培养等方面均有涉及；从颁布时间上看，苏州市可搜寻到 2015 年后的具体政策资料，南京市则以 2015 年以前的文件为主。翻阅南京市“十三五”文化事业发展规划，当中亦有提及将自 2016 年开始计划制定实施《南京市非物质文化遗产保护条例》和《关于进一步加强全市非物质文化遗产保护工作的实施意见》，前者于 2017 年 3 月正式发布，后者仍在修订之中。因此，对于宋锦和云锦的非遗工艺保护，两市的做法均已较为完善，但在其市场化方向上，苏州的政策扶持较南京而言要更为频繁且详细。对于南京云锦研究所在在收购前后政府扶持力度，原馆长张玉英在本报告调研采访中表示：“各级政府支持肯定是有的，但作为一家企业而言，都是自负盈亏。如果你是博物馆，比如南京市的各个博物馆，都是吃‘皇粮’的，它做文创就好做。政府的这些支持也都是我们自己跑出来的，你看传统工艺的企业，活得都不肥、不滋润，不像那些生物工程、高科技，所以做传统文化的更应该关注政策上的引导。”

---

① 信息来源：http://www.jiangsu.gov.cn，江苏省人民政府官网；http://www.nanjing.gov.cn，南京市人民政府官网。

同时，“文化创意产业是政治、经济、文化、技术等相互高度融合的产物。作为一种新兴产业，文化创意产业因为其高融合性、渗透性、辐射力而为其前后相关联产业带来了良好的先天条件。总之，文化创意产业是现代服务业的重要组成部分，是城市经济和产业高度融合发展的新载体”。[①] 因此，对于政府而言，除上文中提及的城市政策制定外，所在区域自身的经济发展水平等，亦为新时代非遗想要走向新市场的一大因素。笔者根据我国国家统计局的官网数据，将两市自 2015 年来的 GDP 总额对照如下(表 4)：

表 4　苏州市、南京市 2015—2017 年城市 GDP 总额[②]

年份	南京 GDP 总额(亿元)	增幅	苏州 GDP 总额(亿元)	增幅
2015	9720.77	9.3%	14504.1	7.5%
2016	4876.08	8.4%	7557.36	8.0%
2017	11715.10	11.92%	17319.51	12.9%

虽然在政治功能上南京是江苏省的省会城市，但一直以来其经济体量都与苏州市有一定的差距。而城市文化软实力也是全市 GDP 总额中的组成部分，因此，苏州的城市文化软实力可见一斑。早在 2010 年，苏州即获得江苏省文化发展绩效评价考核第一名，“文化苏州”自此一直成为该城的金字招牌。虽然南京市在城市文化软实力的投入强度也不小，但效果与影响力上仍次于苏州。究其原因，笔者认为主要有以下两方面：其一，自古以来，苏州便以其优越的城市氛围与地理条件活跃于各大历史舞台，在各个历史时期，文人雅士、艺术大师都有不少聚居于此，“吴文化”也因此成为苏州的名片，而南京则没有“宁文化”的概念，这种从历史中延绵下来的城市文化脉络，使得城市对这一“精华”始终保持高度重视，以此为抓手来发展城市；其二，南京作为“十朝古都”，

① 卢润德，张明英，周建丰. 城市文化创意产业发展之道[M]. 经济科学出版社，2016：5.

② 信息来源：http://www.stats.gov.cn/，中华人民共和国国家统计局官网。

其自古以来均带有较强的政治功能，当今作为省会城市，其在城市功能分配比重上自然和苏州有所不同。基于此，南京在未来整体文化软实力发展上仍保有巨大空间，因此可以在今后进一步深化文化体制改革、创新各类政策、提升文化价值、塑造城市形象，以此打造以云锦等为代表的南京品牌，吸引更多创新型人才，提升城市文化软实力。

2. 文化企业经济利益与社会效益的平衡

对于宋锦而言，从上文不难看出其在现代化发展之路上的创新。就创作本体而言，已完全可以将图案与现代生活、艺术名作等相结合；就技术革新而言，既能保证宋锦的传统韵味又能实现机械化的生产方式，使得企业应对大数量订单自信而从容，适应了现代化工业生产；就市场销路而言，契合大数据时代下的网络销售，使得民众可以轻松欣赏并购买其文化创意商品；就营销方式而言，针对团队订单的大客户服务，使得其具有较强的市场应对力。

对于企业核心文化内涵的把握，苏州上久楷丝绸科技文化有限公司紧扣宋锦织造技艺与文化核心。以其网络营销为例，无论是其官网对宋锦技艺的介绍还是销售平台旗舰店中对创意产品的思路介绍（如图 7），都在潜移默化中传播了宋锦这一传统手工织造技艺。相比于此，收购了南京云锦研究所的维格娜丝集团显然无法满足这一点，正如张玉英馆长的坦言，企业家收购传统手工艺单位后，并不能抱有对民族文化的情怀来对待云锦的发展，而是将利益等因素置于首位。虽然对

图 7 “上久楷”宋锦京东旗舰店购物页面

于企业家来说此举并无大碍,但在民族伟大工艺面前,如若不能以传承民族文化的使命感、责任感来面对,那在未来的发展之路中将难以迸发出持续、独特、不可替代的生命力。

对于技艺的适度创新,上文已对二者做了详细探讨,在科技发展迅猛的今天,可以说任何事物的发展都离不开创新技术的支撑。苏州上久楷丝绸科技文化有限公司自2012年以来不断的科技研发投入,使得其在输入与输出比上有较大优势,同时在传承人才的培养上可以从传统技艺培养转变为创意人才培养。与此相比,被收购后的南京云锦研究所有限公司在输入与输出的等价问题上还存在一定的距离。在云锦三大门类已经可以实现机械化生产的状态下,笔者也相信随着科技的日新月异,最为特殊的妆花技艺也必将迈入现代化生产的进程。而对于创作本体的创新,张玉英女士亦表示产品题材是可以变化的,可以跟随时代发展而提炼其中的文化内涵:“比如现在都在提一带一路,那你就可以做一带一路相关的东西,就可以把这个融合在里面。”因此,这一类传统手工艺的企业家,应抱有情怀感、责任感来对待这一产业,将文化内涵融入其中,以此使经济利益与社会效益相平衡。

五、结语

综上所述,南京云锦在新的历史阶段已明显进入发展瓶颈期,主要问题包括技术革新遇瓶颈、文化衍生乏创意、文创产品欠营销。基于笔者的田野调查及文献分析,分别从观念更新、品牌理念、市场运作三方面提出对策,认为应实现文化传承与保护方式多元化、文化内涵建设丰富化、宣传与销售渠道多样化。以南京云锦、苏州宋锦等为代表的非物质文化遗产,在今日应当也必须得到极为有力的保护,使其代代相传,延伸其作为民族艺术、民族文化的脉络。与此同时,传统手工艺与现代生活相结合走向文创市场也将成为主流趋势。而在这当中,笔者认为不能完全偏袒任何一方,两者之间乃相辅相成之用,如若因为它是博物馆里的传统就投入所有的人力物力，则必将难以凭借“内动力”继续发展；反之，如若仅仅觊觎市场化发展，那传统工艺则将走向消亡，没有“本”何谈“新”？因此，宋锦与云锦等非物质文化遗产的传承保护，不能以“好”与“不好”来对其进行简单的判断，对其发展而言，都将持续探索，持续在路上，而这，也更需要政府的关注，需要民众的关注，需要全社会乃至全人类的共同关注。

（南京大学艺术学院）

参考文献

[1] 徐仲杰. 南京云锦史[M]. 南京：江苏科学技术出版社，1985.

[2] 南京市文化局云锦研究所. 南京云锦[M]. 上海：上海人民美术出版社，1958.

[3] 赵丰. 南京云锦[M]. 苏州：苏州大学出版社，2009.

[4] 钱小萍. 中国宋锦[M]. 苏州：苏州大学出版社，2011.

[5] 周边. 江苏风物志[M]. 南京：江苏古籍出版社，1985.

[6] 陈娟娟. 明清宋锦[J]. 故宫博物院院刊，1984(04)：15－25.

[7] 钱小萍. 宋锦的研究与传承[J]. 丝绸，2015(01)：01－07.

[8] 王晨. 装饰艺术类宋锦产品的创意研究与设计[J]. 丝绸，2015(07)：40－45.

[9] 臧晴. 当南京云锦遭遇当下“精神经济”文化转型[J]. 吉林艺术学院学报，2011(06)：61－63.

[10] 万笑雪. 政府主导下的非物质文化遗产传承与保护——以南京云锦传统工艺为例[J]. 美与时代(城市版)，2015(05)：99－100.

[11] 朱琰. 南京云锦的保护、继承与发展现状[J]. 艺术百家，2012(05)：245－246.

[12] 周海燕. 论南京云锦艺术的传承与发展[D]. 南京：东南大学，2006.

[13] 李雪艳.传统手工艺品品牌化实践模式研究——以南京云锦产品品牌定位为例[C].中国艺术人类学国际学术研讨会论文集(上),2015:323-339.

[14] 费勤男.南京非物质文化遗产的保护与旅游开发——以南京云锦为例[C].江苏省旅游发展30年学术论坛暨江苏省旅游学会2008年年会论文集,2008:32.

[15] 陈秀雅.喷气真丝宋锦:又一次工艺革新[N].苏州:苏州日报,2015-10-13(A03).

论 文

《西园雅集图》中布局模式的再现和叙事范式的变迁[①]

唐　诗

如中国台湾学者衣若芬所说,《西园雅集图》是一桩历史的公案。针对其根源上是否存在的问题,大量绘画史论著中都认为:西园雅集和《西园雅集图》的创作确实是存在的。《宋辽金画家史料》[②]中就肯定了王诜举办的"西园雅集"。而梁庄爱论(Ellen Laing)认为这次雅集是一种理想,实际上"西园雅集"是南宋元祐党人重新得势后的想象,《西园雅集图》也首次出现于南宋。[③] 目前,针对《西园雅集图》的研究大多都将视角集中于中国古代书画史上最基础的问题——原始事件和画作的真实性问题上,却很少将目前存世的《西园雅集图》作为一个从南宋起历代都有仿制的集合看待,实际上回避了同一主题的画作面貌在历代不断变迁的过程,也较少从社会发展的角度看待图像的变迁。这个集合中图像的布局模式和叙事范式变化情况没有探明,直接导致后世仿作中大量的《西园雅集图》无法在时间序列中找到合适的位置的情况。本文用对比分析的方法,结合社会历史的变迁,分析宋代和明代的两个

---

① 本文在2018年南京大学艺术与文化创意第二专业毕业论文基础上修改完成,指导老师莫崇毅。

② 陈高华.宋辽金画家史料[M].文物出版社,1984:423.

③ [美]梁庄爱论.理想还是现实——"西园雅集"和《西园雅集图》考[M]//洪再辛.海外中国画研究文选(1950—1987).上海人民美术出版社,1992:218-231.

《西园雅集图》集合体之间的布局模式和叙事范式的区别及其产生原因。

一、引言:《西园雅集图》的起源、时代性和背景研究现状

西园雅集是北宋一次著名的文人聚会,《西园雅集图》的母本即传为李公麟为此而作。与会文人人数和身份说法不一,主要包括苏轼、苏辙、黄庭坚、米芾、蔡肇、李之仪、李公麟、晁补之、张耒、秦观、刘泾、陈景元、王钦臣、郑嘉会、圆通大师等人。他们经宋英宗驸马都尉王诜召集,在其名下奢华的西园里游园赏景、吟诗作画、谈经论道、鉴赏古玩等。此后,此次雅集作为文人阶层推崇备至的一幅理想图景,从南宋至今都不断出现在各类载体上。

围绕《西园雅集图》的相关问题研究情况,目前集中在其起源和时代性上。

在探明起源的问题上,对于"西园雅集"这桩历史公案的研究主要有以下两种观点。一种观点认为"西园雅集"是一个虚构的理想化集会。梁庄爱论认为,李公麟创作《西园雅集图》这件事是虚构的①,并无文献可以证实有过这次集会,画作甚至并未见于《宣和画谱》著录。历代对这次集会都有讨论,早在明代,王世贞也曾提出这样的观点。② 另一种观点则认为《西园雅集图》最初是由李公麟根据真实发生的雅集创作的。针对这个问题,学者们对宋代历史的细枝末节问题都有相关论述,但并未达成共识。

另有针对历代《西园雅集图》画面中特殊人物形象的时代性探索。这些研究从多幅画作中的某个角度,小而精地展现了画作内容的变迁

---

① [美]梁庄爱论. 理想还是现实——"西园雅集"和《西园雅集图》考[M]//洪再辛.海外中国画研究文选(1950—1987).上海人民美术出版社,1992:218-231.

② 胡建君. 我有嘉宾——西园雅集与宋代文人生活[M]. 锦绣文章出版社,2012:91.

和影响。但整体布局模式和叙事范式的变迁，则是一个未曾被涉及的话题。

从宋代文士的西园雅集到明代文人眼中的《西园雅集图》，其中图像叙事方法的变化的主动权都掌控于处于这一文艺风格变迁之中的文人墨客手中。因而，宋代与明代不同的文艺风格是明代雅集图产生的大背景。

方闻曾引述罗樾（Max Loehr）提出的中国古代山水画的分期，认为南宋及以前、元代、明清三个时期之间的山水画风格有着泾渭分明的区别。① 从宋到明，不仅山水画的风格具有革命性，整体的书画风格也产生了相应的变化。在这个阶段，画坛主力由供奉于画院的画师转向或仕或隐的文人；主流审美由画师们用极尽真实的笔触描绘自然的方法，演进成明代文人画中写意的风雅笔触。此时，绘画的种类和内容没有变化，但创作者和欣赏者的身份和看待它们的方式已然变化——从文人的视角来看，有文人精神、理想和气息的作品才具有价值。

具体而言，张高元《王绂的雅集图与明初文艺风尚的转变》②中认为明初的文艺风尚存在两种风格，分别是“以解缙为代表的疏狂清冷”和“以杨士奇为代表的和缓平易”。这两种风格各有所好，前者所牵引的是元末文人在乱世中怀才不遇、顾影自怜的情感，后者则顺应了明初逐步走向稳定的社会趋势，雍容沉稳、太平美满。“雅集”作为一直由文人实践和绘画的内容，其趋势也受到了一定影响，因此产生了相应的变化。这种文艺风格的变化极大地影响了明代的文艺风格取向，“雅集”也在这种大背景中，随着文人不断建立对绘画方式的认知的过程，成为书画作品中不断重现的题材。

---

① Wen Fong. Art as History: Calligraphy and Painting as One[M]. Princeton University Press, 2014: 272.

② 张高元. 王绂的雅集图与明初文艺风尚的转变[J]. 西部学刊, 2016(1): 10 - 15.

二、以“西园雅集图”为名的历代传世画作

虽然已有的研究对《西园雅集图》的母本和源流问题各执一词，但为了探寻从宋至明《西园雅集图》的面貌，首先需要辨明历代众多《西园雅集图》中可靠的宋元笔迹和明清作品。据梁庄爱论考查，历代著录的《西园雅集图》画作有 47 幅，存世画作远远超过这个数字，而衣若芬称“所见又不只于此”。[①] 本文无法覆盖所有画作，故选择部分有可信图像来源的画作，按照其横卷和竖轴两种不同的布局方式进行考查。

目前一般认为，如今所能见到的创作年代最早的《西园雅集图》是一幅墨笔白描纸本手卷（见图 1）。杨仁恺在这幅画的跋语中表明他的鉴定意见：这件清宫旧藏是南宋的纸本真迹，[②]可能是一件画院抄本或粉本。

此外，还有很多竖轴式的以“西园雅集图”为题的画作留存，都具有固定化的立轴范式。关于这个范式的源头，杨新分析了一张仇英款《西园雅集图》，认为它是南宋仿本，所仿对象是画僧梵隆仿李公麟《白莲社图》所画《述古图》[③]。这件作品指的是一件拍卖会上的拍品仇英（款）《西园雅集图》（见图 2）。即使这幅图并非对《西园雅集图》的直接效仿，它与其他立轴式的，被命名为《西园雅集图》的画作之间的范式关联，也确然是无法割离的。它既在很长一段时间内都被认为是《西园雅集图》的一个变种，并有人将其添上仇英款，命名为《西园雅集图》出售，必然是曾广泛产生了对这一西园雅集范式的认同。这件南宋本《述古图》是明代《西园雅集图》可能参考的母本之一。

---

① 衣若芬．一桩历史的公案——西园雅集[J]．中国史哲研究集刊，1997(10)：221－268．

② 跋语内容：“清内府旧藏南宋人白描西园雅集图见石渠宝笈著录。余著国宝沉浮录中曾注明已发现。但迄未睹原作，今有幸获观属之欣喜无既。盖宋人墨迹有如凤毛麟角。允宜什袭，珍之也。岁次辛巳春抄。八十七叟和溪仁恺于首都客次。”后附有杨仁恺私印二方。

③ 杨新．去伪存真，还原历史——仇英款《西园雅集图》研究[J]．中国历史文物，2008(2)：4－9．

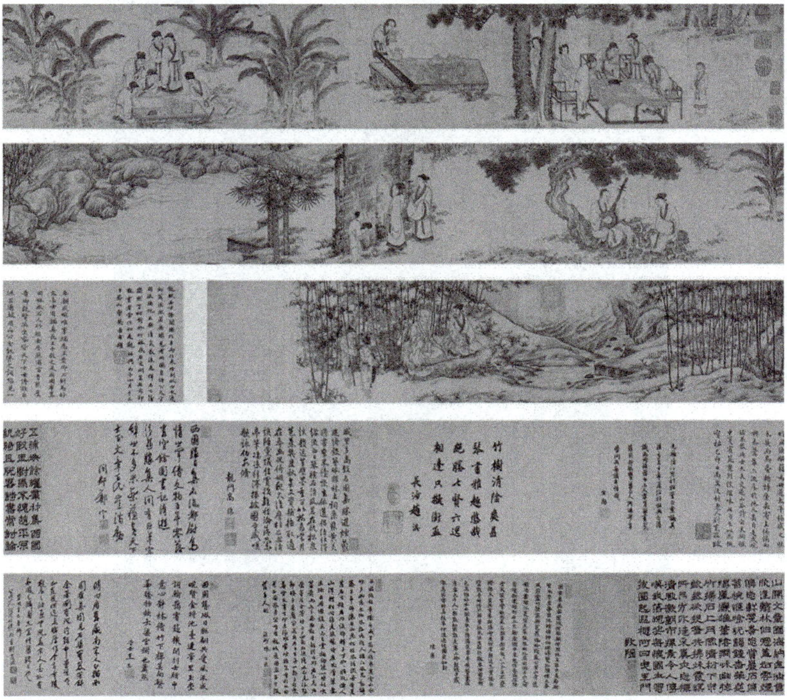

图 1　传李公麟《西园雅集图》卷，26.5 cm×406 cm，纸本墨笔
中贸圣佳 2005 十周年拍卖会拍品①

① 图片及信息出自网络，网址为 http://auction.artron.net/paimai-art33411010/，雅昌艺术网版权所有。

图 2　仇英(款)《西园雅集图》轴，110 cm×54 cm，绢本设色，2007 年嘉德四季第九期拍卖会拍品①

① 图片及信息出自网络，网址为 http://auction.artron.net/paimai-art45901490/，雅昌艺术网版权所有。

表 1　本文考查的横卷式《西园雅集图》表

编号	作者	年代	大小(cm)	材质	收藏状况
1	(传)李公麟	南宋	26.5×406	纸本墨笔	中贸圣佳 2005 十周年拍卖会拍品,私人收藏
2	(传)刘松年	明代①	不详	绢本设色	台北"故宫博物院"藏
3	唐寅(1470—1524)	明代	不详	绢本设色	台北"故宫博物院"藏
4	丁云鹏(1547—1628)	明代	23.5×279	绢本设色	中贸圣佳 2013 冬季拍卖会拍品,私人收藏
5	尤求(生卒不详,不早于仇英)	明代	30×535	纸本墨笔	浙江世贸 2017 春季拍卖会拍品,私人收藏

表 2　本文考查的竖轴式《西园雅集图》表

编号	作者	年代	大小(cm)	材质	收藏状况
1	仇英(款)	南宋	110×54	绢本设色	2007 年嘉德四季第九期拍卖会拍品
2	仇英(约 1497—1552)	明代	79.4×38.9	绢本墨笔	台北"故宫博物院"藏
3	(传)赵孟頫	明代	131.5×67	绢本设色	台北"故宫博物院"藏
4	尤求(生卒不详,不早于仇英)	明代	不详	纸本墨笔	台北"故宫博物院"藏
5	周道行(生卒年不详,万历间名)	明代	187.5×96.5	纸本设色	株式会社东京中央 2015 年春季拍卖会拍品,私人收藏
6	程仲坚	明代	不详	纸本设色	台北"故宫博物院"藏

在这二幅宋本的基础上,可以将明代的《西园雅集图》按照规格划分为横卷和立轴两个类型进行图像叙事方法变迁的考查。

① 这幅画未如传言一般在台北"故宫博物院"典藏资源库系统内。张安治指出只在明代詹东图《玄览编》中记载有这幅画的存在,布局和人物衣褶都如李公麟,与传世画面情况不符。[张安治. 刘松年及其绘画作品[J]. 故宫博物院院刊,1980(2):84.]笔者因此认为这幅画至少是明代画家托名之作,后文相关陈述也基于此基础上。

三、从宋至明《西园雅集图》图像的布局模式和叙事范本

将两幅暂定为宋本的母本分别与明本进行交互对比考查，主要是从人与景的布局构成和交互方式的角度进行考查。

在传李公麟《西园雅集图》轴中，参加集会的主要人物是按照叙事中的功能分组排布的，且在每组人物之间都会增添山石、树木等景观以间隔。全画有五组人物，一组中心为苏轼，蔡肇、王诜、李之仪在旁观书，与下一组之间以松和古玩陈列分割；一组中心为观李公麟作画，观者有苏辙、张耒、郑靖老、黄庭坚、晁补之，与其他部分以芭蕉相隔。另三组均由两人成组：古桧树下，秦观倾听陈碧虚弹奏乐器；石壁下米芾题字，王钦臣观之；最后一部分和前部以较长的流水树石分割，是翠竹中讲佛的圆通大师和刘泾。除此之外，仅有少量童子仆从围绕主要人物的活动进行功能性的服务，如为米芾捧墨等。同时期立轴式《西园雅集图》中同样产生了类似的分组，但人与景物的具体形态有一定区别。

从横卷式的白描本中可以看到，卷中人物按照其在叙事中的功能分组布局，每组人物围绕着一个中心行动，每组自成一体，各组互不干涉，互相没有交流。也就是说，在最初版本的叙事语境里，这虽是一次以苏轼的交际圈为主，由王诜举办的数十人的集会，但是没有一个人物形象相较其他形象更突出，没有构造一个观者可以着眼的布局中心，而是有条理地、平等地基于每人的爱好安排他们的行动。连为他们服务的仆从和童子也主要强调其功能性，是在必要处才出现的。从这点来看，各个场景是可以分离的，即画面布局不会影响画作传达其叙事内容。这幅画不一定旨在还原西园雅集中这些人物的真实行为，实是基于人物擅长的文艺类型进行分类组合，完成对当时文人诗文、书画、音乐、宗教、博古活动的理想化描述。绘画的重心是放在“行雅事”之上的，图像的叙事性是最为突出的特点，布局则属于次要地位，服务于叙事目的。同理，在立轴式《西园雅集图》中，人物分为六组，分组情况明

确,主次关系不明显,各司其事,叙事意味较强。

而在明代《西园雅集图》中,布局模式产生了变化,最突出的转变是人物布局开始有了重心:人物数量整体增加,特定分组中人群的聚集程度增高,甚至使得画面有了可以着眼的中心。各组不再平衡、各司其职,甚至出现共同向画面中心聚集的情况。

相较而言,横卷中人物分组情况较为明显,其布局改变的展现方法主要是在苏轼和李公麟两组之中增加人数,呈现出围而观之的气氛,为观者带来热情、仰慕和热闹的情绪感染力。唐寅作品中苏轼和李公麟两组人物总计 15 人,传刘松年作品里 21 人,而传李公麟作品中仅 14 人,仇英款作品中则仅有 9 人。同时,传刘松年图中,苏轼身后有多于两位的《西园雅集图记》中“云环翠饰侍立,自然富贵风韵”之女奴。“闲”人增多,但服务于行为本身的人数并未增加,却使得画面布局超越了“行雅事”的最终目标,布局模式不再服务于叙事范式。

竖轴中的场景布局变化则更为明显:人物分布开始有了重心,逐渐向画面中心聚集,甚至出现打破分组、布局先后关系的情况。台北“故宫博物院”藏传赵孟頫作品和一件设色仇英作品极为相似,应为同本的传抄,其中都将苏轼和李公麟的书画创作行为作为画面的中前景,而将另三组列为中后景,此后的传周道行本、程仲坚本均为类似布局。台北“故宫”的另一件仇英纸本,则进一步将苏轼的形象放大,并将他放在了中近景人物的最中央(见图 3)。同时,自然景观的分布开始向画面两侧和边缘扩散,为中心的人物腾出空间。这种布局模式的改变,实际是给了原本没有中心、没有主角、平等叙事的画面一个可以着眼的主场,由淡远的“清旷之乐”转而传递“大团圆”式的富贵之欢。

从画面中所描绘的景观和它们服务于叙事范式的作用来看,宋本中最为突出的一点就是:少有作为背景和边界的建筑。横卷的画面中并未出现皇家园林的门阙、楼阁、院墙,不在意着眼于“园林”这一与社会背景息息相关的雅集地点的精细描绘。景物主要承担转场、扩大场景、映衬人物精神的责任。它们间隔和分离各组人物,在疏朗浅淡之间

图 3 （传）仇英《西园雅集图》立轴，台北“故宫博物院”藏

透露出园林之气象:水木竹石相映其中,有清雅之趣。横卷中的主要植物包括松树、芭蕉、桧树、棕榈、竹等,立轴则为松、桧、凌霄花等,多用的是展示文人气节的植物。米芾题字场景的左侧水上有一座石桥,而立轴中在同样位置也有一座石桥,却增加了栏杆作为装饰。横卷通过景物连接多个场景,每两个场景中间有不同程度的留白和省略,而立轴利用流水将其串联,即添加了一种内容程式,从程式的叠加来看,推测年代或在横卷之后。总而括之,景物与叙事中要传达的人物精神是相呼应的,并无多余的背景。

而明代的作品中产生了叙事范式的很大变化,中心叙事内容之外的人物和景物开始增加。主要人物的身份特殊,具有代表性地覆盖了政客、书画家、文学家、艺术家、道士、僧侣等属性,成为后世文人的精神

图 4　唐寅《西园雅集图》局部

图 5　(传)刘松年《西园雅集图》局部①

---

① 图 3、4 为局部,原图来源于台北"故宫博物院"官网文物查询系统。

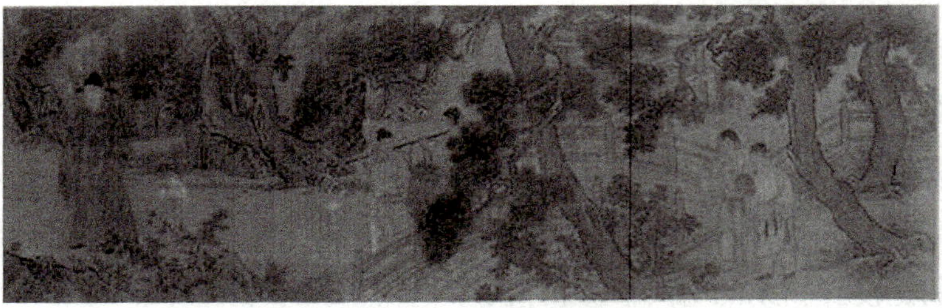

图6　谢廷循《杏园雅集图》局部①

偶像，其形象在绘制时已经形成了特定的范式，无可更改。但此外，台北“故宫博物院”藏传刘松年作品与唐寅作品呈现出几乎完全相同的范式，都多出了一组搬运物品的仆从，在木桥上和右岸运送。这个后加上的内容与镇江博物馆藏《杏园雅集图》中的家丁形象应属于同一时期的补充，同样是对“行雅事”这一叙事目的没有直接支持的叙事内容，暗指的是官场和富贵的气氛。

不仅有人物的变化，图中景色的变化也十分显著，尤以立轴式画作中呈现出的更明显。仇英及之后的画家为这一集会围上了高高的院墙，将它封闭在了门阙之中，先是立轴中产生这样的范式，而后蔓延至横卷之中。画面中出现屋舍、连廊、高台，桥的装饰不断增多。对比观之，这些变化削减了画面中的山林之趣，在填补空缺的时候，向空白处增加了许多对“西园”这一皇家园林之豪华程度的猜测，为画面增添了文人院墙之内是清雅的古意、门阙之外即市井的喧哗的气息，仿佛敞开门能受到天下人的恭迎，关上门则能够用一道墙隔绝尘世（见图7）。

这些布局模式和叙事范式的变化情况，足见随着时间推移，参与叙事并成为叙事范式的内容增多，相应地，布局模式改动也大。不同的程式透露出时人和画家的不同文化视角，其中必定有相应的社会背景原因。

---

①　图5为局部，原图来源于 http://www.zj-museum.com.cn。

图 7 (传)仇英《西园雅集图》立轴①

① 原图来源于台北"故宫博物院"官网文物查询系统。

四、由宋到明《西园雅集图》布局模式和叙事范式变迁的原因探究

由宋至明《西园雅集图》的变迁，最核心的变化应当是整体境界的变化：由山水中文人在飘飘欲仙的不知名境中各司其事的清雅境界，忽而转为在有门楼的热闹府邸中，文人围绕着苏轼济济一堂的富贵清闲境界。这其中变化与社会背景紧密联系在一起。

首先，“雅集”这一文人聚会形式在明代的实践情况对文人眼中前代雅集形象必然有所影响。这一点在上文所述的附加叙事内容中有所展现。除西园雅集之外，明代尚有很多刻画其他雅集或图名中带“雅集”二字的图卷，如谢环作有《杏园雅集图》(1437 年)，沈周(1427—1509)作有《魏园雅集图》，吴伟(1459—1508)作有《词林雅集图》。事实上，明初的雅集形式是两极分离的，一部分雅集图像留下了官员进行雅集时的图景，另一部分则是山野之中清旷悠远的野会图景。从宫廷画师为官员集会所做的图像，到融入山水之间的纯粹文会，这一时期的雅集图中均有涉及，可见雅集这一文人畅情抒怀、挥毫泼墨的交游场合，在明早期颇受欢迎。

考查出现时间最早的《杏园雅集图》，即可见明初官员主导雅集的初始状态：随着官场宴乐气息的浓厚，这类雅集呈现出“政治化”的特征。大都会博物馆和镇江博物馆两幅《杏园雅集图》中主要人物面向前方，官服整洁，坐姿端正，身边书画古物、仆从侍女环绕，与西园雅集中或侧或正，即兴随意的人物形象截然不同。张高元认为，《杏园雅集图》主角杨荣、杨士奇、杨溥开展杏园雅集的主要目的，就是明初的官员们将西园雅集中的文士们想象为太平盛世之中雍容典雅的仙人，希望通过效仿他们而抬高自身的地位、流芳百世。① 明代雅集行为中的政治

① 张高元. 王绂的雅集图与明初文艺风尚的转变[J]. 西部学刊，2016(1)：10－15.

性和目的性较为强烈，而并非南宋两幅《西园雅集图》中所描摹的那样出尘和雅致。原本西园雅集相关的详细史料湮没无存，极有可能是因为元祐党人事件使得参与者不愿意将私人化的雅集行为留存并宣扬开来。① 而到了明代，践行雅集的人让“雅集”成为公开化的宣教性质浓郁的事件，实际标志着“雅集”这一行为开始被当时处于政治和权力中心的人们当作一件彰显身份、权力、交际圈的事件去举办，西园雅集中的重于叙文人清雅事的目的性有所降低。因而如同《杏园雅集图》中一样，《西园雅集图》中景物的作用降低，位置向四周扩散，沦为了空白处的填充。因此笔者推测，明代西园雅集竖轴中景为人让位的范式变化，应该在杏园雅集范式确立之后。

明代《西园雅集图》中呈现出的在气派的院墙内济济一堂、和乐融融的气氛，则是画家对此次雅集的接受方式世俗化的结果。明代是物质文化迅速发展的时代，随着江南地区商贾力量的壮大，园林文化也得到极大的发展。柯律格(Craig Clunas)曾指出：“明代长江三角洲地区的土地十分紧缺，地价高昂，园林成了一种‘炫耀性消费’，其‘炫耀’的对象为与园林主人有着同样高社会阶层和地位的人，因为只有他们才会被邀请到围墙后一探究竟，而只有面对这些人时，园林才发挥出‘炫耀’的最大功用。”②在富有的商人或官员建立高高的院墙并将外人隔离之后，园林成为身份的象征，也寄托了社会意识中对富贵和乐遥不可及的理想生活的幻想。明代《西园雅集图》中刻意营造出封闭的楼阁、门阙和围墙，则说明明代与宋代不同的社会背景直接造成了图像上的差异。

此外，有一部分画家对于中心叙事目的——“行雅事”的描绘进行过一系列更改和重组，其中产生了对人物形象的夸张化和偶像化行为，

---

① 徐建融．“西园雅集”与美术史学——对一个案研究方法的批判[J]．朵云，1993：(4).

② Craig Clunas. Superfluous Things: Material Culture and Social Status in Early Modern China[M]. University of Hawaii Press, 2004: 159.

这也造成了明代图像中特定人物形象在布局上的中心化和叙事上的强调。《西园雅集图》中的多种范式都被后世画家挑拣重组。这些与原作在似与不似之间的带有图中元素指代性的画作，展现出的是《西园雅集图》在不同时代不同要求下的变体。明代有许多以苏轼为中心的作品，将他在西园雅集中执笔写字的形象与身边的古物陈列桌联系在一起，绘制东坡博古图。石炯曾考查东坡形象，认为《东坡博古图》是《西园雅集图》的一个变体。如仇英在《人物故事图·竹院品古图》中将极类仇英《西园雅集图》中的东坡形象安置在内①，在其身侧还有"云环翠饰侍立"的女奴，是一次叙事范式的打破重组（见图 8）。这种形象拼接不仅仅局限于苏轼形象，仇英的《蕉阴结夏图》也是《西园雅集图》中芭蕉、古物陈列桌和秦观倾听陈碧虚弹奏乐器三个场景的集合。

图 8　仇英《人物故事图册·竹院品古》②

① 石炯."东坡博古"——《西园雅集图》的一个变体[J].新美术，2016(3)：19-31.

② 图片来源于故宫博物院官网：http://www.dpm.org.cn/collection/paint/228286.html。

这种拆分和重组，极大地丰富了文人画家通过想象拓展的对西园雅集的重现方式。当他们无法真的与雅集中的场景贴近、实践之时，想象之中的编排带着遥不可及的艳羡，故而选择在拆分重组之中营造自己心中最为重要的场景，并以此作为自我代人和投射显示愿景的叙事方式。

这个思路可以解释大部分立轴中将五组人物顺序打乱、各组之间互相穿插的布局模式变化，也可以解释它将苏轼放在最中心的图像叙事范式。这部分《西园雅集图》带来的影响也是明确的：画家想要打造悠闲雅逸、俗事无愁的情趣，将情趣高雅、生而旷达却生涯多舛的东坡和奢侈的古物、雍容的仆从摘出放在一起。实际所画对象都是自身的理想。从这个角度出发，明代《西园雅集图》竖轴中出现的穿插性、打破性和以苏轼为中心的情况，极有可能是文人打破范式进行重组，使之符合自己愿望的结果。

五、结语

本文考查了宋至明的多幅《西园雅集图》及其延伸作品，通过对立轴式、横卷式两类共 11 件以“西园雅集图”为名的画作进行画面分析，主要着眼于画面呈现的布局模式和叙事范式，从社会背景的角度推断由宋至明“西园雅集”这一题材绘画面貌的变迁及其原因。

通过图像对比分析，发现宋元《西园雅集图》的重心是放在“行雅事”之上的，呈现出最突出的特点是图像的叙事性。人物分组情况明确但主次关系不明显，各司其事，叙事意味较强，布局模式服务于叙事所需。景物与人物的布局所呈现出的布局模式相同：图像的重点在于其叙事性，布局模式服务于叙事范式，并未被想象扩展开来。而在这两个方面，明代作品呈现出的状态则有很大变化。一方面是布局模式的变化，人物数量整体增加，人群聚集程度增高，开始有了重心，景物为文士的活动让出位置；一方面则是叙事范式变化，叙事内容增加，人群活动增加，人为的景观增多。

最核心的变化应当是整体境界的变化。宋画描绘文人在清雅的山水中，仿佛置身不知名仙境，各司其事，展现出清雅的境界，这种境界到了明代转为在有门楼的热闹府邸中，文人围绕着苏轼济济一堂的富贵清闲境界。

而后，针对其中的布局方式和图像叙事变迁发生的原因进行考查。明初对雅集的实践、园林文化的发展以及人物形象偶像化的社会背景无疑非常重要。文人聚会形式在明代初期官员之中的实践情况致使后世《西园雅集图》带有政治气息，随着官场宴乐气息的浓厚，杏园雅集这类官员主导的雅集呈现出官场化的特征，明代《西园雅集图》中呈现出的在气派的院墙内济济一堂、和乐融融的气氛，则是世俗化的结果。而当画家无法真的与雅集中的场景贴近时，他们对想象之中的场景和人物抱有一种遥不可及的憧憬，故而选择在拆分重组之中营造自己心中最为重要的场景，并以此作为自我带入，投射出显示愿景的叙事目的。

总而言之，宋代与明代《西园雅集图》的面貌区别主要集中于布局方式和叙事范式上，其原因与明代的社会变化是息息相关的。

（伦敦大学亚非学院）

参考文献

[1] 张安治. 刘松年及其绘画作品[J]. 故宫博物院院刊，1980(2)：84.

[2] 陈高华. 宋辽金画家史料[M]. 文物出版社，1984：423.

[3] [美]梁庄爱论. 理想还是现实——“西园雅集”和《西园雅集图》考[M]//洪再辛.海外中国画研究文选(1950—1987).上海人民美术出版社，1992：218－231.

[4] 衣若芬. 一桩历史的公案——西园雅集[J]. 中国史哲研究集刊，

1997(10):221－268.

[5] 谢丽倪. 博学辨识英辞妙墨——王云《西园雅集图》赏析[J]. 文物世界，2003(6):50－52.

[6] 薛颖,郎宝如."西园雅集"的真伪及其文化意蕴[J]. 内蒙古大学学报:人文社会科学版,2004,36(2):25－31.

[7] 杨新. 去伪存真,还原历史——仇英款《西园雅集图》研究[J]. 中国国家博物馆馆刊,2008(2):4－9.

[8] 魏平柱. 西园雅集系年考[J]. 湖北文理学院学报,2008,29(1):78－80.

[9] 薛颖. 元祐文人集团文化精神的传播——以《西园雅集图》的考察为中心[J].美术观察,2009(8):99－102.

[10] 田丽.《西园雅集图》中女性形象的图像学研究[J]. 名作欣赏，2011(15):172－174.

[11] 孙真真. 明代中后期"西园雅集"题材流行原因探析[J]. 文学界(理论版),2012(5):242－244.

[12] 胡建君. 我有嘉宾——西园雅集与宋代文人生活[M]. 锦绣文章出版社,2012:7.

[13] 王安莉. 从《西园雅集图》团扇看董其昌早年收藏与画史观[J]. 新美术,2014(8):49－56.

[14] 张高元. 王绂的雅集图与明初文艺风尚的转变[J]. 西部学刊，2016(1):10－15.

[15] 曾莉,李公麟.《西园雅集图》里的人物形象研究[J]. 新丝路(下旬),2016(1):120－121.

[16] 石炯. "东坡博古"——《西园雅集图》的一个变体[J]. 新美术，2016(3):19－31.

[17] 李思思. 李公麟《西园雅集图》与米芾《西园雅集图记》的语图关系研究[D]. 华中师范大学,2017.

[18] 李辉. 文本的再现与符号的借用——《西园雅集图》与《西园雅集

图记》研究[J].大观，2017(8).

[19] 姜菊玲.《西园雅集图》应是佚名《春游赋诗图》[J]. 收藏，2018(4).

[20] Craig Clunas. Superfluous Things: Material Culture and Social Status in Early Modern China[M]. University of Hawaii Press，2004.

[21] Wen Fong. Art as History: Calligraphy and Painting as One[M]. Princeton University Press，2014.

图书在版编目(CIP)数据

大学文创. 2019: 文创教育专辑 / 祁林主编. —
南京: 南京大学出版社, 2021.10
ISBN 978-7-305-24712-5

Ⅰ. ①大… Ⅱ. ①祁… Ⅲ. ①文化产品—产品设计—
教学研究—高等学校 Ⅳ. ①G124

中国版本图书馆 CIP 数据核字(2021)第 141764 号

出 版 者 南京大学出版社
社　　址 南京市汉口路 22 号　　邮　编 210093
出 版 人 金鑫荣

书　　名 大学文创 2019:文创教育专辑
主　　编 祁　林
责任编辑 张　静

照　　排 南京紫藤制版印务中心
印　　刷 江苏凤凰数码印务有限公司
开　　本 635×965 1/16 印张 11.75 字数 167 千
版　　次 2021 年 10 月第 1 版 2021 年 10 月第 1 次印刷
ISBN 978-7-305-24712-5
定　　价 59.00 元

网　　址: http://www.njupco.com
官方微博: http://weibo.com/njupco
官方微信: njupress
销售咨询热线: (025)83594756